Les Familius en vacances

Avec la collaboration d'Inès d'Oysonville pour les pages jeux et gags.
(p. 15-19, 47-51, 94-98, 126-130)

Éditions du Rocher
28 rue Comte Félix Gastaldi – BP 521 – 98015 Monaco
www.editionspleinvent.fr

ISBN : 978-2-38488-021-8

Loi n°49-956 du 16 juillet 1949 sur les publications destinées à la jeunesse,
modifiée par la loi n°2011-525 du 17 mai 2011.

Nicolas Doucet

Les Familius en vacances

PLEIN VENT

Vacances au poêle

DEBOUT BERTILLE ! 'FAUT SE DÉPÊCHER, LE RÉVEIL N'A PAS SONNÉ ET ON N'EST PAS EN AVANCE !
MMM ?... TROP DUR !
VIIITE ! LES GRANDS SONT DÉJÀ PARTIS.
AU FAIT, TU AS BIEN FAIT TON TRAVAIL POUR AUJOURD'HUI ? JE N'AI PAS VÉRIFIÉ...
OUI, IL Y AVAIT JUSTE LA POÉSIE À RÉVISER.
AH, ET UN MOT DANS LE CARNET À FAIRE SIGNER...
MAMAN, J'TROUVE PAS MA DEUXIÈME CHAUSSURE !
REGARDE SOUS TON LIT ! TU AS TA BROSSE POUR QUE JE TE COIFFE ?
QUELLE BROSSE ?
MAIS... OÙ AI-JE POSÉ SA SALOPETTE HIER SOIR ?
MANGE VITE TES TARTINES ET ON FILE !
ET LE MOT DE MA MAÎTRESSE ?
PAS LE TEMPS ! ON VA ÊTRE EN RETARD.
OUPS, MON BOL !
ALLEZ, ON FONCE ! JE NETTOIERAI À MON RETOUR.
EUH... MON CARTABLE !
BON, ON Y RETOURNE !
PFFFF, QUELLE JOURNÉE !
JE M'EN SOUVIENDRAI DE CE JEUDI !
J'ESPÈRE QU'ILS N'AURONT PAS FERMÉ LE PORTAIL.
ET MON MOT ? JE VAIS ME FAIRE GRONDER SINON...
RÔÔÔÔ, TU NE LÂCHES JAMAIS ! ALLEZ, DONNE TON CARNET !
"POUR UNE RAISON PERSONNELLE, IL N'Y AURA PAS DE COURS JEUDI MATIN !"
521

Affaires à suivre

Une p'tite larme pour la route

Retour à la case départ

FROTTEZ BIEN ! PAPA NOUS A PROMIS 1 € À CHACUN...
BERTILLE, PASSE-MOI L'ÉPONGE, S'IL TE PLAÎT !
C'EST MALIN, ELLE VA ÊTRE PLEINE DE BOUE, MAINTENANT.
MAIS... FALLAIT PAS LA LAISSER TOMBER !
AH OUI ? ALORS, ATTRAPE-LA, TOI QUI ES SI FORTE.
RATÉ !
HÉ, ARRÊTEZ DE SALIR MES VITRES ! MOI AUSSI, JE PEUX FAIRE PAREIL !
RETOUR À L'ENVOYEUR !
ÇA, TU VAS ME LE PAYER !
ÉGALITÉ !
C'EST UNE BONNE IDÉE DE DONNER DES RESPONSABILITÉS AUX ENFANTS...
ET PUIS JE N'AVAIS PAS LE TEMPS DE LA NETTOYER MOI-MÊME AVANT DE PARTIR AU MARIAGE...
VITE, NOUS SOMMES EN RETARD !
26

En voiture !!!

MAMAN, J'AI SOIF... ON EST BIENTÔT ARRIVÉ ?
OUI, OUI, PLUS QUE 3 HEURES !
EUH... PAPA, J'AI UNE ENVIE PRESSANTE !
AH LA LA, À CHAQUE VOYAGE C'EST LA MÊME CHOSE... VOUS NE POUVEZ PAS Y PENSER AVANT DE PARTIR ?
HÉ, Y'A SYMPHORIEN QUI SE DÉCROCHE TOUT LE TEMPS !
MAMAN, J'AI MAL AU CœUR. JE CROIS QUE JE VAIS VOMIR...
J'EN AI ASSEZ DE VOUS RÉPÉTER QU'ON NE LIT PAS EN VOITURE !
EUH... MAMAN, J'AI OUBLIÉ D'ÉTEINDRE MA CHAMBRE...
PAPA, OSCAR ME TIRE LES COUETTES !
C'EST PAS VRAI, C'EST ELLE QUI M'EMPÊCHE DE VOIR LA ROUTE...
MAIS ARRÊTEZ DE ME FAIRE BOUGER ! J'ÉTAIS EN TRAIN DE BOIRE.
BON, CA SUFFIT ! J'EN AI ASSEZ POUR AUJOURD'HUI !
OUF... IL FAUT S'ENTRAÎNER PROGRESSIVEMENT POUR SUPPORTER LES LONGS VOYAGES EN VOITURE...
DEMAIN, ON TENTE LES 10 MINUTES !
MAMAN, ON EST BIENTÔT ARRIVÉ ?
40

LE ROCK, ÇA, C'EST DE LA BONNE MUSIQUE. ÇA BOUGE, C'EST VIVANT !
M'OUAIS... JE PRÉFÈRE LE JAZZ. C'EST MOINS VULGAIRE ET PLUS ARTISTIQUE.
ARRÊTE, C'EST TROP CODIFIÉ. ON A L'IMPRESSION D'ENTENDRE TOUJOURS LA MÊME CHOSE.
PAS DU TOUT. IL Y A UNE GRANDE RICHESSE D'ÉCRITURE, UNE COMPLEXITÉ DES STYLES DANS LE JAZZ.
BON, PEUT-ÊTRE, MAIS ÇA RESTE UNE MUSIQUE ANTIQUE. MON GRAND-PÈRE EN ÉCOUTAIT !
ALORS QUE LE ROCK, ÇA N'A QUE 60 ANS ! LAISSE-MOI RIRE...
EN TOUT CAS, LE ROCK, C'EST CRUCIAL POUR MOI. UNE BOUFFÉE D'AIR FRAIS, UN PIMENT NÉCESSAIRE...
POUR MOI, LE JAZZ, C'EST CE QUI ME FAIT VIBRER. ET CE SERA TOUJOURS LE TOP AU NIVEAU MUSICAL...
DIS, PAPA, TU PEUX METTRE PLUS FORT LA MUSIQUE ?
BIEN SÛR !
ALLEZ, LES ENFANTS, TOUS ENSEMBLE !
C'EST À L'ÉCOLE TAGADAGADA...
YOUPI !
COIN ! COIN !
POUET POUET
PLUS FORT !
SOUPIR !
SNIF !
OUAIS, TROP BIEN ! C'EST MA PRÉFÉRÉE !
MOI AUSSI ! ON VA L'ÉCOUTER EN BOUCLE JUSQU'À LA FIN DU VOYAGE !
286

Top départ des parents

POUSSE TON BRAS, C'EST MON ACCOUDOIR !
ARRÊTEZ DE DONNER DES COUPS DE COUDE !
J'ÉTAIS LÀ AVANT TOI !
C'EST PAS UNE RAISON POUR CRIER. MOI AUSSI JE PEUX !
PAPA !
MAMAN !
JE CROIS QUE JE VAIS DÉBARQUER UN ENFANT SUR LE BORD DE LA ROUTE ! ÇA CALMERA LES AUTRES !
ATTENDS, J'AI UNE SUPER-IDÉE !...
ÇA SUFFIT, LES ENFANTS ! VOUS ALLEZ FINIR PAR RÉVEILLER SYMPHORIEN.
POURQUOI NE JOUERIEZ-VOUS PAS À "DEVINEZ À QUI JE PENSE" ?
C'EST PAS BÊTE !... ALORS JE COMMENCE. TOP, C'EST PARTI ! DEVINEZ À QUI JE PENSE !
HEU, C'EST UNE FILLE ?
NON.
AH, UN GARÇON. EST-IL GRAND ?
TOUT PETIT.
EST-IL BEAU COMME SYMPHO ?
PLUTÔT TRÈS LAID.
ON LE CONNAÎT ?
BIEN SÛR.
EUH... EST-CE QU'IL EST SYMPA ?
EXÉCRABLE !
IL EST DANS LA VOITURE ?
OUI.
J'AI TROUVÉ, C'EST OSCAR !
GAGNÉ !
QUOI ?!?? C'EST N'IMPORTE QUOI !!!
MAUVAIS PERDANT !
NAN, C'EST TOI QUI FAIS TA PESTE !
EH ! N'EN PROFITE PAS POUR T'ÉTALER SUR MON ACCOUDOIR !
TU AS UNE AUTRE SUPER-IDÉE ?
OUI, ON DÉBARQUE TROIS ENFANTS SUR LE BORD DE LA ROUTE !
ZZZZZ
382

OUI, J'AI VOTRE CATALOGUE ENTRE LES MAINS. À LA PAGE 15 VOUS DITES ? DES VOITURES PLUS FAMILIALES... AH OUI, EFFECTIVEMENT !
ALORS JE...
OSCAR, POUSSE-TOI, JE NE VOIS PAS LE PAYSAGE !
TU N'AVAIS QU'À TE METTRE À CETTE PLACE !
DITES, LES ENFANTS, UN PEU MOINS DE BRUIT ! JE SUIS AU TÉLÉPHONE.
ARRÊTEZ DE ME FAIRE BOUGER ! JE N'ARRIVE PAS À LIRE.
AÏEEEUH !
EXCUSEZ-MOI ! ON EST JUSTEMENT EN VOITURE...
BIEN FAIT !
DONC, LES DIFFÉRENTS MODÈLES...
MAMAN !
ARRÊTE ! JE VAIS TOUT DIRE !
NON, PAS D'OPTION. UNE VOITURE TOUTE SIMPLE, BIEN SOLIDE ET...
MAMAN
UN PEU DE SILENCE, J'AI DIT !
EH, VOUS DÉBORDEZ DE VOTRE PLACE !
MAMAN ! MAMAN ! MAMAN !
JE DISAIS... NON, PAS DE COMMANDES VOCALES, DE KIT DE CRÉNEAU OU DE RADAR DE RECUL. NON, NE...
LES ENFANTS, ÇA SUFFIT !
PARDON, OÙ EN ÉTAIS-JE ?
STOP !
NON, VRAIMENT, PAS D'OPTION ! LA SEULE QUI M'INTÉRESSERAIT, CE SERAIT LES SIÈGES ÉJECTABLES ! OUI, POUR LES ENFANTS...
C'EST POSSIBLE ?!! GÉNIAL, ON VA Y RÉFLÉCHIR.
RUDEMENT EFFICACE, CETTE OPTION "SIÈGES ÉJECTABLES" ! JE REGRETTE DE NE PAS Y AVOIR PENSÉ PLUS TÔT !
?!??
407

Casse-tête

Sudoku

Dans chaque ligne, chaque colonne, chaque petit carré, les chiffres de 1 à 9 ne doivent apparaître qu'une seule fois.

1

			6	3				
			7					
7					5		1	
			4	9		3		
	7							
5						6		9
		9		2				7
	1	4		6				
			5		8		4	

2

	9	3		2				1
2				3		9	4	
				8				
			3		4		2	6
1					5			
					1	7		
8						5		3
		7					9	
	6					2		

Les carrés dans le carré

Combien y a-t-il de carrés en tout ?

Réponses en p. 142-143

Jeux

Devinettes

1. Que prend un éléphant quand il va au bar ?

De la place.

★

2. Qu'est-ce que fait une fraise sur un cheval ?

Tagada, tagada

★

3. Comment appelle-t-on un chien qui n'a pas de patte ?

On ne l'appelle pas, on va le chercher.

★

4. Quand j'avais 2 ans, ma sœur avait le triple de mon âge.
   Aujourd'hui j'ai 16 ans, quel est l'âge de ma sœur à présent ?

Ma sœur a 20 ans.

Les blagues

– Oh regarde il y a un bateau
– Non, c'est un yacht !
– Ça s'écrit comment ?
– Ah, non, tu as raison, c'est un bateau !

Toto dit à sa maîtresse :
– Maîtresse, on peut être puni pour quelque chose qu'on n'a pas fait ?
– Bien sûr que non Toto !
– Ah cool ! Parce que je n'ai pas fait mon devoir de maths !

Les énigmes visuelles

Sauras-tu retrouver ces mots ou expressions ?

1. PIRE
   LONG

2. RIRE
   UN JOLI

3. Sauras-tu trouver où est est l'erreur ?
   1 2 3 4 5 6 7 8 9

4. INE INE INE INE
   MAIS MAIS
   SIX SIX SIX SIX SIX
   SIX SIX SIX SIX SIX

5. TERRAIN
   PASSAGE

Réponses en p. 142-143

Mort de rire

Une petite fille dit à Toto :
– Dis, plus tard, tu voudrais bien te marier avec moi ?
– Ah non, j'aimerais bien mais malheureusement je ne peux pas, dans ma famille on se marie tous entre nous.
– Comment ça ?
– Grand-père s'est marié avec grand-mère, Papa s'est marié avec Maman, mon oncle s'est marié avec ma tante…

★

C'est l'histoire d'une maman qui dit à son fils :
– Tu veux bien m'aider à changer ton petit frère ?
– Pourquoi ? Il est déjà usé ?

★

Un fils à son père :
– Papa, regarde l'avion.
– Oui j'ai vu.
– Papa, regarde la voiture.
– Oui j'ai vu.
– Papa, regarde la dame avec son chien.
– Oui j'ai vu.
– Papa, regarde la…
– OUI J'AI VU !
– Pourquoi tu as marché dedans alors ?

★

Un jeune papa discute avec son collègue :
– Mon fils marche depuis quatre mois.
– Oh la la, il doit être loin maintenant.

Deux enfants vont à l'école. Ils passent devant un panneau : « Ralentir, école primaire ».
L'un d'eux dit :
– Ils ne croient tout de même pas qu'on va y aller en courant ?

★

À l'école :
– John, avoue que ton père t'a aidé à faire ton devoir !
– Non m'sieur !
– C'est bien vrai ? Sûr ?
– Oui, j'en suis sûr. Il l'a fait tout seul…

★

Une maman à sa fille :
– Si tu n'es pas sage tu iras en enfer et si tu es sage tu iras au paradis.
– Et qu'est-ce que je dois faire pour aller au cirque ?

★

Un enfant dit à sa mère :
– J'ai battu un record.
– Ah bon, lequel ?
– J'ai réussi à faire en 15 jours un puzzle sur lequel il y avait écrit de 3 à 5 ans

★

Un patient vient consulter, et dit à son médecin :
– Docteur, je perds la mémoire.
– Depuis quand ?
– Depuis quand quoi ?

Réponses en p. 142-143

Défi !

Sauras-tu nommer les cris des animaux ?

1. Quel animal brait ?
   a. Le chameau
   b. L'âne
   c. Le cheval
   d. Le cerf
2. Quel animal hulule ?
   a. Le pigeon
   b. Le loup
   c. Le dindon
   d. La chouette
3. Quel animal brâme ?
   a. L'éléphant
   b. La girafe
   c. Le cerf
   d. Le tigre
4. Quel animal roucoule ?
   a. L'oie
   b. L'aigle
   c. Le corbeau
   d. Le pigeon
5. Quel animal cacarde ?
   a. La pintade
   b. Le moineau
   c. L'oie
   d. Le coq

6. Quel animal chante ?
   a. Le coq
   b. Le renard
   c. La cigale
   d. Le corbeau
7. Quel animal feule ?
   a. Le sanglier
   b. La grenouille
   c. Le cochon
   d. Le tigre
8. Quel animal gromelle ?
   a. Le sanglier
   b. Le corbeau
   c. L'ours
   d. Le renard
9. Quel animal glapit ?
   a. Le renard
   b. Le corbeau
   c. L'ours
   d. Le coq
10. Quel animal pépie ?
   a. Le moineau
   b. Le chat
   c. La pintade
   d. Le lapin

Réponses en p. 142-143

La bonne rigolade

1. Tu préfères parler en chantant toute ta vie,
ou avoir deux canards qui te suivent partout où tu vas ?

★

2. Qu'est ce qui a deux bosses et qui vit au Pôle Nord ?

Un chameau qui s'est perdu !

★

3. Arrives-tu à chanter les paroles d'au clair de la lune, sur l'air de frère Jacques ?

★

4. Pourquoi les vaches ne parlent pas ?

Car il y a devant elles un panneau avec écrit : « la ferme ».

★

5. Qu'est ce qui est le plus lourd entre 1kg de plumes et 1kg de plomb ?

C'est le même poids !

★

Rébus Que faut'il emmener à la plage ?

1

2

3

Réponses en p. 142-143

Repos et pas de pot

PAPA, ON A SOIF !... ON VA MONTER ENCORE LONGTEMPS ?
OH LA LA, ON VIENT À PEINE DE PARTIR ! MAIS RASSUREZ-VOUS, LA DESCENTE DURERA MOINS LONGTEMPS
PAPA, ON MEURT DE SOIF !!! PEUX-TU NOUS PASSER UNE GOURDE ?
NON... IL NE FAUT PAS BOIRE PENDANT LA MONTÉE. RAMASSEZ DONC DES POMMES DE PIN POUR VOUS DISTRAIRE.
PAPA, ON N'EN PEUT PLUS... ON A TROP SOIF !
QUELLES PETITES NATURES !... PATIENTEZ JUSQU'AU SOMMET, L'EAU N'EN SERA QUE MEILLEURE !
ET VOILÀ ! QUEL SPLENDIDE PANORAMA... MAINTENANT, CONSOLONS VOTRE GOSIER.
AH, TIENS ??!? J'ÉTAIS POURTANT SÛR D'AVOIR PRIS LES GOURDES ?!!!
VOUS VOYEZ QUE J'AVAIS RAISON : LE RETOUR EST BEAUCOUP PLUS RAPIDE !
27

Le fer est dans le sac

ET VOILÀ ! C'ÉTAIT LE DERNIER TRAJET DE L'ANNÉE !
ET MAINTENANT... LES VACANCES !!!
FINIE LA VIE DE CHAUFFEUR DE TAXI TOUTE LA SEMAINE !
EMMENER OSCAR ICI, TOINETTE LÀ...
SANS OUBLIER DE RÉCUPÉRER BERTILLE À SON COURS AVANT D'ACCOMPAGNER OSCAR AU TENNIS !...
TOUT ÇA, C'EST FINI POUR DEUX MOIS.
ON DÉ-COM-PRES-SE !
EUH... MA CHÉRIE ?
JE DÉPOSE OSCAR À SON CAMP PENDANT QUE TU VAS CONFIER SYMPHORIEN À MAMILIUS. ENSUITE, ON CONDUIT TOINETTE CHEZ SA COUSINE POUR UNE SEMAINE, ON VA CHERCHER OSCAR, PUIS ON ÉCHANGE BERTILLE AVEC MON FILLEUL, ON LAISSE TOINETTE À SON STAGE...
240

Antique mais pas en toc

ÇA Y EST. OSCAR PART POUR SON CAMP DE LOUVETEAUX.
TOINETTE PREND LE TRAIN TOUT À L'HEURE POUR SON SÉJOUR LINGUISTIQUE.
SYMPHORIEN EST CHEZ SA MARRAINE JUSQU'À SAMEDI.
JOLIE CARTE POSTALE !
MAIS... MAIS ALORS... C'EST BON !
JE SUIS FILLE UNIQUE PENDANT QUELQUES JOURS !!
ET ÇA TE FAIT PLAISIR ?
OH OUI ! ON VA POUVOIR FAIRE PLEIN DE TRUCS. DES BALADES MAIN DANS LA MAIN, DES CÂLINS À GOGO, DES FOLLES PARTIES DE MISTIGRI...
DES CONCOURS D'ORIGAMI, TOUTES LES RECETTES DE MON LIVRE DE CUISINE, DU BRICOLAGE LE MATIN, DU SHOPPING L'APRÈS-MIDI...
ON IRA VISITER DES MANÈGES AVEC DES PONEYS, PUIS REPAS AU McDO, PUIS DES PETITS CINÉS...
ON SERA TOUS LES TROIS ENSEMBLE TOUS LES JOURS SANS SE QUITTER. VOUS ME CHANTEREZ DES BERCEUSES LE SOIR, ET...
ALORS ? OÙ RESTE-T-IL DES PLACES ?
STAGE DE SUDOKU... SÉJOUR BOWLING... CAMP "RAP ET VARAPPE"...
ON... ON VA TROUVER !
VIIIITE, ÇA URGE !
372

Fin du sable fin

QU'EST-CE QUE VOUS FAITES ?
ON EST À LA BOURRE !!!. MON WEEK-END DE GUIDE COMMENCE DANS UNE PETITE HEURE ET IL FAUT APPORTER SON DÉGUISEMENT POUR LE JEU. LE THÈME, C'EST LE ROI SOLEIL.
ET TOI ?
PAREIL ! WEEK-END DE LOUVETEAUX AVEC DÉGUISEMENT. NOUS, LE THÈME, C'EST "LES VIKINGS".
ON A BIEN AVANCÉ MAIS IL RESTE PLEIN DE TRUCS À FINIR.
1 HEURE PLUS TARD
VOUS ÊTES PRÊTS ? JE VOUS DÉPOSE.
ÇA Y'EST, C'EST FINI. IL ÉTAIT TEMPS !
HOP, DANS LES SACS !
DÉPÊCHEZ-VOUS ! VOS DEUX LIEUX DE CAMPS SONT ASSEZ ÉLOIGNÉS.
ET N'OUBLIEZ PAS VOS DÉGUISEMENTS, AVEC TOUT LE MAL QUE VOUS VOUS ÊTES DONNÉ !
ÇA, ÇA NE RISQUE PAS !
T'AS PAS DE BOL DE T'ÊTRE TROMPÉ DE SAC !.. ET ÇA T'AMUSE ?!??
PFFF ! EN FAIT, JE PENSE À..
OUAH, OSCAR, IL ASSURE, TON DÉGUISEMENT !
VRAIMENT IMPRESSIONNANT !
471

Maths à l'eau

C'EST BIENTÔT LA RENTRÉE. IL EST TEMPS DE SE REMETTRE DANS LE BAIN AVEC UN PEU DE MATHS !
ON NE POURRAIT PAS PLUTÔT EN PROFITER POUR ALLER À LA PLAGE ?
J'AIME PAS LES MATHS !
RAISON DE PLUS POUR PRENDRE UN PEU D'AVANCE.
QUELQUES OPÉRATIONS FACILES POUR COMMENCER.
8 - 2 ?
PFFF ! C'EST TROP DUR. J'AI TOUT OUBLIÉ !
EN PLUS, C'EST L'HEURE DE SE BAIGNER.
FAIS UN PETIT EFFORT. C'EST TROP SIMPLE.
ALLEZ, 8 - 2 ?
IL FAIT TROP CHAUD.
JE SERAIS MIEUX EN MAILLOT DE BAIN.
MAIS CONCENTRE-TOI !
ON NE POURRAIT PAS PRENDRE UNE GLACE ? OU ALLER DANS L'EAU ?
J'EN PEUX PLUS DES SOUSTRACTIONS...
ALORS, DES DIVISIONS ? 12 DIVISÉ PAR 4 ?
ILS FONT QUOI, LES AUTRES ?
J'ESPÈRE QU'ILS NE SONT PAS ALLÉS À LA PLAGE SANS MOI !
BON, OK, J'ABANDONNE.
À LA PLAGE TOUT LE MONDE !
T'ES LA MEILLEURE DES MAMANS !
HÉ, LES VAGUES ONT DÉTRUIT 2 DE NOS 8 TOURS !
PAS GRAVE, IL EN RESTE 6 !
REGARDEZ, J'AI TROUVÉ 12 COQUILLAGES. ON SE LES PARTAGE ?
CHOUETTE, ÇA EN FAIT 3 CHACUN !
!?
509

RETOUR SUR NOS VACANCES ! CE FUT L'OCCASION DE DÉCOUVRIR DES RÉGIONS INCONNUES...
CETTE ANNÉE, ARMENCOURT-LES-BOIS AVEC SES RUELLES MÉDIÉVALES PLEINES DE MYSTÈRES, SON FESTIVAL JAZZ-BAROQUE ET SES INNOMBRABLES BALADES "CULTURE ET NATURE" ?
OU GLENDOF-PLAGE ?
PLAGE !
ON A PU SE REPOSER D'UNE LONGUE ANNÉE DE DUR LABEUR...
PLUS VITE !
MAMAN, PAPA FAIT EXPRÈS DE TRAÎNER !...
PLUS VITE !
CHÉRI... FAIS UN EFFORT ! POUR LES ENFANTS !
...PRENDRE LE TEMPS DE JOUER AVEC LES ENFANTS...
ALLEZ, ÇA SUFFIT ! DÉTERREZ-MOI ! JE DOIS M'OCCUPER DU REPAS !
ON S'ARRÊTE À 1M50.
...ESSAYER DES TRUCS INCROYABLES...
SYMPA, LE KITESURF !
ET LÀ-BAS, DU JET-SURF ! OUAHHH !
IMPRESSIONNANT !
ALLEZ, SUDOKU FORCE 10 ! SOYONS FOU !
...RENCONTRER DE NOUVEAUX AMIS...
C'EST À VOUS, CE BALLON ?
EUH... AH, LES ENFANTS !
T'AS VU QUE TU LANCES TROP HAUT !
...MAIS LES MEILLEURES CHOSES ONT UNE FIN !
ALLEZ, ON RENTRE ! IL FAUT FAIRE LES VALISES !
SNIF !
SNIF !
SNIF !
OUF !
552

Le mec au hamac

Coloriage

Coloriage

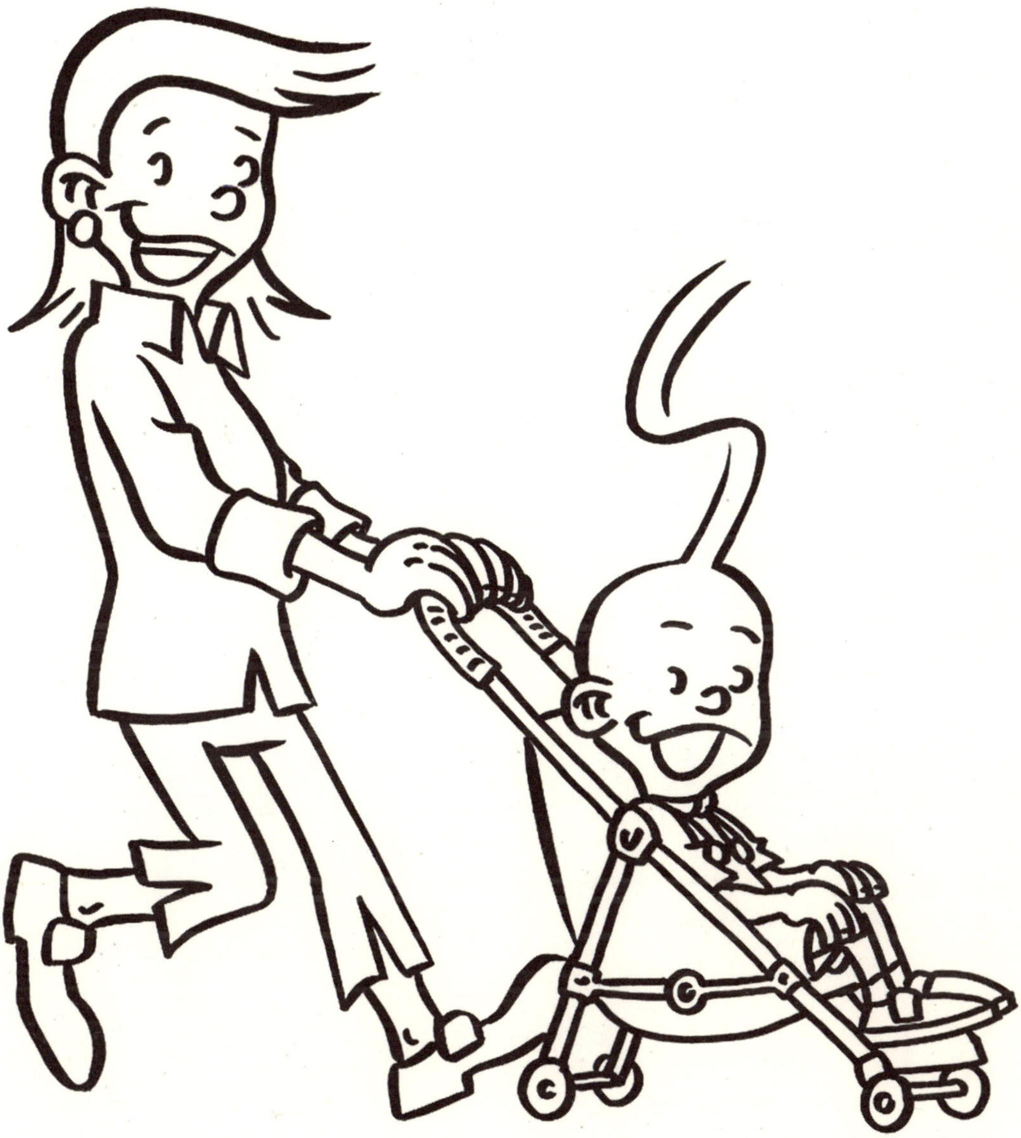

Coloriage

Coloriage

UN DERNIER CANDIDAT VIENT TENTER SA CHANCE. IL S'AGIT DU CÉLÈBRE OSCAR THE KID !
REGARDEZ, C'EST OSCAR THE KID !
LE OSCAR THE KID ?!!!
QU'IL EST BEAU !
OSCAR ET RAFALOS SE DÉFIENT DU REGARD ! ON LIT LA FUREUR DANS LES YEUX DU CHEVAL SAUVAGE QUI A CAUSÉ DE MULTIPLES FRACTURES À TOUS CEUX QUI ONT ESSAYÉ DE LE MONTER.
SHÉRIF
SALOON
OH, QUELLE AUDACE ! OSCAR ENFOURCHE CRÂNEMENT SA MONTURE !
INCROYABLE ! QUEL FANTASTIQUE DUEL ENTRE LE COWBOY ET LE MUSTANG !
OSCAR PARVIENDRA-T-IL À DOMPTER LE TERRIBLE RAFALOS ? QUI DE L'HOMME OU DE LA BÊTE L'EMPORTERA ?
MAIS TU LE FAIS EXPRÈS ! ON N'EST PAS ENCORE PARTI, ET GROLOURDOS EST LE PONEY LE PLUS CALME DU MANÈGE !
OH, ÇA VA!... JE M'ENTRAÎNE À TOMBER AU CAS OÙ...
167

VRAIMENT, VOUS NE VOULEZ PAS QU'ON LA FASSE ENSEMBLE, NOTRE CABANE ?
COMME ÇA, ELLE SERA PLUS JOLIE ET ON AURA PLUS DE CHANCE DE GAGNER...
AH NON, PAS DE FILLES !
ON FAIT UNE TOUR, PAS UN SALON.
GRAND CONCOURS DE CABANES
AH BON, VOUS LE PRENEZ COMME ÇA ?!?? ON VA VOUS MONTRER DE QUOI ON EST CAPABLES !
ON VA VOUS RIDICULISER !
ÇA ME VA ! QUE LES MEILLEURS GAGNENT !
DITES, VOUS NE VOUDRIEZ PAS ALLER UN PEU PLUS LOIN ?...
POURQUOI ? ON EST TRÈS BIEN ICI !
ÇA VOUS CASSE LE MORAL ?
HÉ, HÉ ! ON VOUS DÉPASSE !
D'AUTRES PERCHES, OSCAR ! VITE !!!
OUAH ! ON EST DÉJÀ HAUT !
T'AS UN PEU DE FICELLE EN RAB, OSCAR ?
DÉSOLÉ, J'AI JUSTE CE QU'IL ME FAUT POUR LE TOIT...
AÏE ! ÇA BASCULE !!!
OULÀ, ÇA PENCHE POUR NOUS AUSSI !
LE JURY VOUS A DÉCERNÉ LE 1ER PRIX À L'UNANIMITÉ POUR VOTRE ARCHE-CABANE, MAGNIFIQUE SYMBOLE D'ENTRAIDE ET DE SOLIDARITÉ !
QUEL BEL EXEMPLE !
GRAND CONC DE CABANES
504

De la lettre aux maux

YAHOUUUU !!!
JE L'AI !
'TENTION, COUSIN !
QUI REVEUT DE LA BONNE GLACE FAITE PAR MAMILIUS ???
MENTHE ?
CASSIS ?
LE PREMIER EN BAS DISTRIBUE LES CARTES POUR LA PARTIE DE TAROT !
ALORS, CES VACANCES ?
BOF ! LA MER, LES COUSINS, LES SÉJOURS CHEZ LES GRAND-MÈRES... COMME D'HABITUDE !...
OUAIS.. MOI, PAREIL !...
PAS MIEUX !
241

La console, ça console...

PLUTÔT TRANQUILLE, CE "TRAIN DE LA MORT". JE N'Y RETOURNERAI PAS !
CARRÉMENT TROP PÉPÈRE ! ON ESSAIE "LA FUSÉE DU MUR DU SON" ?
273

Chariot à l'arrache...

OULALA, QUE DE MONDE ! ON VA ÊTRE SUPER SERRÉS !
PAR LÀ, J'AI L'IMPRESSION QU'IL Y A DE LA PLACE POUR UNE SERVIETTE OU DEUX.
JE PRENDS LA BOUÉE EN PREMIER.
OUPS !
PARDON !
EXCUSEZ-MOI !
NAN, C'EST MON TOUR !
BATO ! BATO !
DONNE-MOI LA BOUÉE ! ALLEZ, DONNE !!!
NON, TOI, TU AS LES PALMES !
TOINETTE, VIENS METTRE TA CRÈME SOLAIRE AVANT !
SYMPHO, NE MANGE PAS LE SABLE !
HÉ, C'EST PAS TA BOUÉE !
C'EST MOI QUI L'AI PORTÉE !!!
MAMAN !
BON, LES ENFANTS, NE NOUS GÂCHEZ PAS LES VACANCES !
SYMPHORIEN, ENFILE TES BRASSARDS !
PAPA, JE VEUX LA BOUÉE !!
FINALEMENT, IL Y A PLEIN DE PLACE !
283

YOUPI, UN P'TIT WEEK-END EN AMOUREUX ! VINGT-QUATRE HEURES SANS LES ENFANTS, DEPUIS LE TEMPS QU'ON ATTEND ÇA !
ÇA, ON VA BIEN LES OUBLIER !
TOUTE CETTE VERDURE ! LES ENFANTS AURAIENT DE QUOI JOUER !
OH, DES PONEYS. ÇA AURAIT PLU À BERTILLE.
TU AS VU CETTE RAMPE D'ESCALIER ?
J'IMAGINE LES GLISSADES QU'OSCAR POURRAIT FAIRE DESSUS !
QUEL BUFFET ! LES ENFANTS SERAIENT FOUS DE JOIE.
ET LA TAILLE DES FRITES ! ILS SE RÉGALERAIENT.
L'EAU EST À POINT.
DOMMAGE QUE LES PETITS NE SOIENT PAS LÀ. QU'EST-CE QU'ILS S'AMUSERAIENT !
C'EST VRAIMENT UNE BELLE FORÊT !
AVEC PLEIN DE CACHETTES. ÇA FERAIT DE BELLES PARTIES DE CACHE-CACHE.
OUAH, ÇA A FAIT DU BIEN CE WEEK-END RIEN QUE POUR NOUS...
...SANS DEVOIR PENSER AUX ENFANTS À CHAQUE INSTANT.
303

ALLEZ, LES ENFANTS, QUI DONNE SA COMMANDE EN PREMIER ?
MOI, JE PRENDRAIS BIEN UNE REGINA. MAIS, EST-CE QU'ON PEUT CHANGER QUELQUES PETITES CHOSES ?
CERTAINEMENT, NE VOUS GÊNEZ PAS.
DONC, SI ON PEUT METTRE DES OIGNONS À LA PLACE DES ANCHOIS...
BIEN SÛR.
ET PAS DE GORGONZOLA, JE PRÉFÈRE DU GRUYÈRE.
EUH... PAS DE PROBLÈME.
À MOI ! JE PRENDRAIS UNE "QUATRE FROMAGES", MAIS AVEC SEULEMENT TROIS FROMAGES, SANS LE CHÈVRE.
AVEC DES OLIVES VERTES POUR REMPLACER...
OK, JE NOTE.
EUH... NON, NOIRES !
ET MOI, UNE NAPOLI, MAIS AVEC DES SAUCISSES À LA PLACE DE LA VIANDE HACHÉE...
TRÈS BIEN.
PAR CONTRE, L'OEUF, J'AIME PAS TROP. SI ON PEUT METTRE PLUTÔT DES CHAMPIGNONS...
HUM... ALLONS-Y !
AH BON, ON PEUT PRENDRE DE LA SAUCISSE AU LIEU DU JAMBON ? MOI AUSSI, JE PRÉFÈRE !...
BON... D'ACCORD...
ET DES CHAMPIGNONS AU LIEU DES ANCHOIS PUISQU'ON A LE DROIT !
...
CE... CE SERA TOUT POUR LES ENFANTS ?
AH NON, JE ME SUIS TROMPÉ ! JE TROQUE MES OLIVES CONTRE DES LARDONS.
ET MOI, MON GRUYÈRE CONTRE DE L'EMMENTAL !
AH OUI, DE L'EMMENTAL, BONNE IDÉE ! EN REVANCHE, JE ME TÂTE POUR LA NAPOLI...
OUAH, C'ÉTAIT BON, CETTE PETITE PIZZERIA !
OUI, MAIS ÇA FAIT ENCORE UN RESTAURANT QUI NOUS INTERDIT DE REVENIR...
À la bonne PIZZA !
310

Vacances pas nettes

Jeux

Neurones en fusion

Sauras-tu résoudre cette énigme ?

Oscar doit deviner le nom d'un animal (en 5 lettres). Il a proposé à Toinette les noms d'animaux ci-dessous et, à chaque fois, elle lui a répondu en donnant en premier le nombre de lettres justes et bien placées, et ensuite le nombre de lettres justes mais mal placées.

CHATS 0 2
LIONS 1 0
TIGRE 2 0
PAONS 0 0
BOEUF 1 1
CHIEN 0 4

Ainsi , pour CHATS, il n'y a aucune lettre juste et bien placée, et il y a deux lettres justes mais mal placées. Quel est donc le nom de l'animal à deviner ?

Les points à relier

Relie les points et voit ce que le papa va offrir à sa femme.

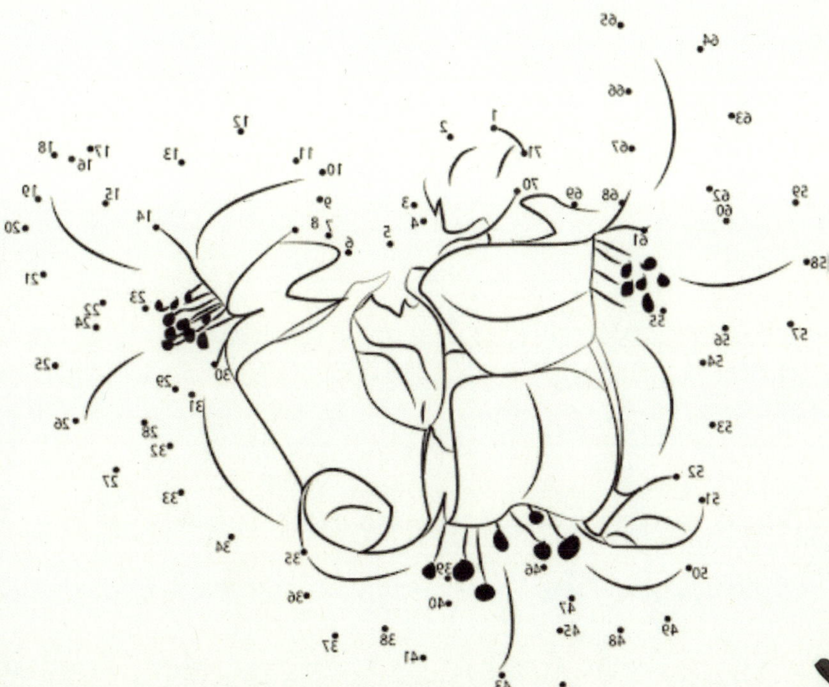

Réponses en p. 142-143

On se remue les méninges !

Énigme

Les trois enfants, Toinette, Oscar et Bertille reçoivent une pomme de couleur différente : rouge, verte et jaune.
L'un des enfants la mange en 8 minutes, l'autre en 7 minutes et le troisième en 9.
Sachant que Toinette a reçu une pomme rouge, et n'a pas mangé sa pomme en 7 minutes, que Bertille a mangé sa pomme en plus de 8 minutes et a reçu une pomme jaune.
Trouve le temps qu'a pris chaque enfant pour manger sa pomme, et la couleur de son fruit.

Toinette a mangé en 8 minutes une pomme rouge, Oscar a mangé en 7 minutes une pomme verte et Bertille a mangé en 9 minutes une pomme jaune.

La pyramide qui rend fou

Chaque brique de la pyramide est la somme des deux briques situées juste en dessous d'elle.
Pour les trois nombres manquants à la base : celui du milieu est la somme des deux autres.
Comment reconstituer la pyramide de nombres de façon à respecter les autres chiffres placés ?

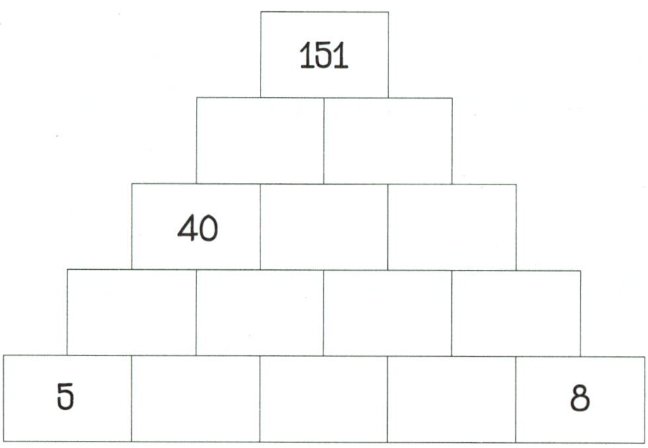

Réponses en p. 142-143

Jeux

Futoshiki

Les cases contiennent les nombres ; les signes « plus grand que » ou « plus petit que » entre les cases montrent les relations entre les nombres. Le but est de remplir les cases vides avec les nombres de 1 à 5 de sorte que chaque nombre ne figure qu'une seule fois dans chaque ligne et dans chaque colonne.

1

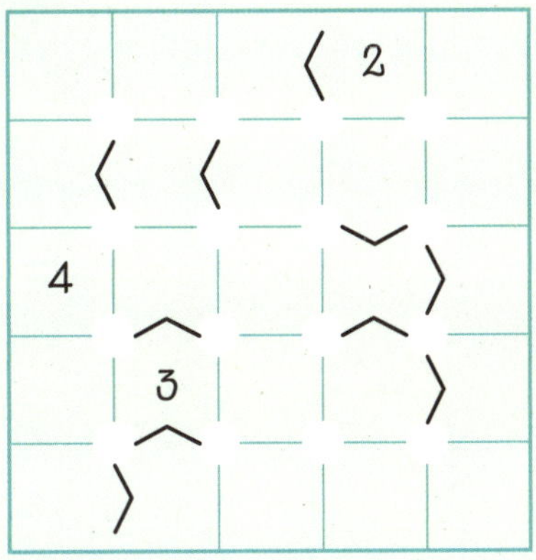

2

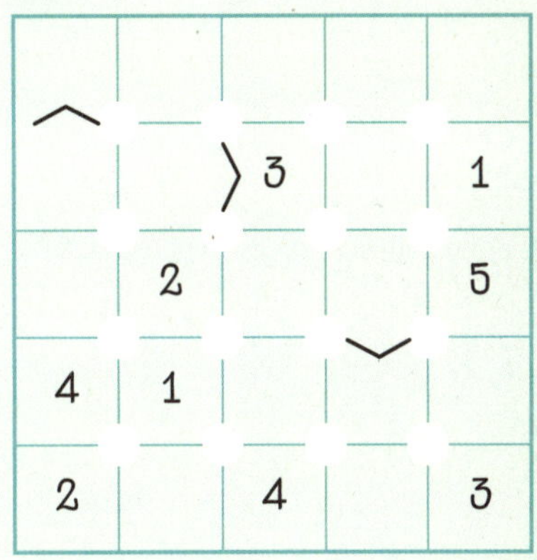

La bonne rigolade !

Tu connais la blague sur les magasins ? Elle n'a pas supermarché.

★

Tu connais la blague du petit déjeuner ? Pas d'bol.

★

Tu connais la blague qui tue ? PAN !

★

Un bébé héron demande à son papa :
- On est des quoi nous ? Des tapons ?
Son papa lui répond :
- Mais non, on est des hérons, petit, pas tapons !

★

Réponses en p. 142-143

Jeux

Top secret !

Bertille a trouvé un papier sous son oreiller. Peux tu l'aider à le décoder ?

24/26/ /8/22/15/4/9/ /15/16/ /22/14/ /25/4/15/ /22/ /8/22/8/22/9/ /12/16/26/ /15/16/

/9/26/ /14/22/17/22/4/14/ /11/22/14/ /26/24/13/4/13/26/,/ /5/26/ /17/10/4/

14/ /12/16/26/ /15/16/ /14/22/4/14/ /22/16/ /8/10/4/9/14/ /7/4/13/26/ /24/22/13/

/15/16/ /22/14/ /25/26/24/3/4/1/1/13/26/ /24/26/ /8/26/14/14/22/2/26/./././

Signé : Octave
Indice : Cassis.

On joue en famille ?

Toinette te présente les jeux préférés des Familius quand ils partent en famille

QUAND JE PARS EN VACANCES. Le premier joueur dit : « Quand je pars en vacances je prends... » et indique un objet, par exemple une brosse à dent. Le deuxième joueur répète la phrase et ajoute un autre objet. « Quand je pars en vacances je prends une brosse à dent et un t-shirt ». Les joueurs continuent à ajouter des choses à la liste jusqu'à ce que personne ne puisse plus réciter la liste correctement.

CHAÎNE D'ANIMAUX. Le premier joueur nomme un animal, par exemple ours. Le joueur suivant doit nommer un animal qui commence par la dernière lettre du dernier animal nommé, par exemple serpent. Le jeu continue jusqu'à ce qu'un joueur ne puisse pas nommer un animal ou qu'un animal soit répété. Vous pouvez le faire avec un autre thème.

IL ÉTAIT UNE FOIS. Le but du jeu est de créer une histoire. Tout le monde, à tour de rôle, ajoute une phrase à l'histoire. Le joueur qui ne peut pas ajouter une phrase perd la partie et est éliminé. Plus drôle est l'histoire, mieux c'est !

Réponses en p. 142-143

Jeux

Le savais-tu ?

- ★ L'Everest, le plus haut sommet du monde, gagne 4 mm chaque année ! Il est haut de 8 848 m et se trouve entre le Népal et la Chine.
- ★ Le Canada a plus de lacs que tout le reste du monde combiné ! Situé au nord des États-Unis, ce pays dispose de 31 190 lacs.
- ★ Quelle heure est-il en Chine ? Cet immense pays s'étend sur 5 fuseaux horaires mais toute la population est fixée sur l'heure de Pekin.
- ★ Au Texas, une ville s'appelle Ding Dong !
- ★ La Lybie est un pays constitué de 99 % de désert.
- ★ Connais-tu la colline qui a le nom le plus long ? Elle se trouve en Nouvelle-Zélande et porte 85 lettres. Arriveras-tu à prononcer son nom ? Taumatawhakatangihangakouauotamateaturipukakapikimahungahoronukupokaiwhenuakitanatahu.
- ★ Environ 60 000 personnes sont dans les airs, en avion au-dessus des États-Unis.
- ★ Il y a plus d'étoiles dans le ciel que de grains de sable sur l'ensemble des plages du monde ! Selon les astronautes, il y a plus de 230 milliards de galaxies comme la nôtre, sachant que notre galaxie compte environ 400 000 milliards d'étoiles !

Copier-coller

En t'aidant de la grille où tu vois Symphorien, reproduis le dessins sur la grille de droite.

Réponses en p. 142-143

ALORS, ÇA AVANCE, TA CRÈME AU CHOCOLAT POUR LE GOÛTER ?
JE N'ARRIVE PAS À TROUVER CE QU'IL MANQUE... TENEZ, QU'EST-CE QUE VOUS EN PENSEZ ?
MMM, DU BEURRE, PEUT-ÊTRE ?
JE PENCHERAIS PLUTÔT POUR UNE POINTE DE CANNELLE !
OU ALORS, DU SUCRE ! UNE CUILLER DE SUCRE !
NON, AU CONTRAIRE, IL MANQUE UNE PINCÉE DE SEL !
DU SEL ? VRAIMENT ?
MMM... OU BIEN UN ZESTE DE CITRON ?...
OU QUELQUES GRAMMES DE NOISETTES.
POIVRE ?
MUSCADE ?
AH, J'AI TROUVÉ ! CE QU'IL MANQUE, C'EST...
...DE LA CRÈME AU CHOCOLAT !
FAUT EN REFAIRE SI ON EN VEUT POUR LE GOÛTER...
247

PLACE À ROBIN DES BOIS, ROI DES ARCHERS !
TU RIGOLES ? !?? ROBIN EST UN HORS-LA-LOI. IL VIT CACHÉ DANS LA FORÊT.
IL NE SE PROMÈNE PAS À LA VUE DE TOUT LE MONDE !
ET POURQUOI CACHÉ DANS LA FORÊT ?
PARCE QUE LE SHÉRIF VEUT METTRE LA MAIN SUR ROBIN. C'EST LE CŒUR DE L'HISTOIRE !
M'OUI, MAIS REGARDE.
CE QUI COMPTE, C'EST MON HABILETÉ À L'ARC. VISE LE STYLE !
N'EMPÊCHE QUE LE CÔTÉ "HORS-LA-LOI PLANQUÉ," C'EST...
MA VITRE !
CHKLIN
ALORS LÀ, BRAVO ! TU ES VRAIMENT ROBIN DES BOIS !!!
AUDACE... ADRESSE... RAPIDITÉ À DISPARAÎTRE APRÈS TON FORFAIT...
254

Vélo qui roule amuse pas mal

KLING ! KLANG !
QU'EST-CE QUI SE PASSE ENCORE ?
SEPT MINUTES DE TRANQUILLITÉ, C'ÉTAIT TROP BEAU POUR DURER !
BON, C'EST QUOI, CETTE FOIS-CI ?
EUH... J'ESSAYAIS MA NOUVELLE RAQUETTE ET LE COUP EST PARTI !
D'ABORD L'HORLOGE, PUIS L'ASSIETTE DE TANTE AGNÈS...
MAIS QU'EST-CE QUI VOUS ARRIVE ???... C'EST LA CINQUIÈME FOIS QUE VOUS CASSEZ QUELQUE CHOSE CETTE SEMAINE !
VOUS LE FAITES EXPRÈS OU QUOI ?!??
MAIS NON... EUH... MAIS... JE NE LE FERAI PLUS...
DANS TA CHAMBRE TOUT DE SUITE. LA RAQUETTE CONFISQUÉE POUR UNE SEMAINE. ET PRIVÉ DE DESSERT CE SOIR !
TU NE TROUVES PAS QUE TU ES UN PEU TROP SÉVÈRE ?
SI ON VEUT ÊTRE EFFICACE, IL FAUT QU'ILS N'AIENT PAS ENVIE DE RECOMMENCER !
PAS MAL, LA DERNIÈRE, ELLE COMPTE DOUBLE.
TU PRENDS LA TÊTE DU CLASSEMENT.
CONCOURS DE BÊTISES mois de Juin
M'OUAIS... IL N'A PAS EU UNE ASSEZ GROSSE PUNITION. IL NE DEVRAIT MONTER QUE D'UNE CASE.
MAIS LA COMPÉTITION N'EST PAS FINIE...
282

AVEC DES CARTONS, ON PEUT FAIRE PLEIN DE TRUCS SUPER !
ILS PEUVENT SERVIR DE CACHETTE, PAR EXEMPLE...
38, 39, 40 ! J'ARRIVE !
HÉ, J'ÉTAIS LÀ AVANT !
OU POUR DES COURSES DE BÂTEAU.
RAME PLUS VITE, HA, HA !
ILS PERMETTENT D'ATTEINDRE DES OBJECTIFS AUDACIEUX.
VAS-Y, ATTRAPE LA TÉLÉCOMMANDE AVANT QUE ÇA S'EFFONDRE.
ILS FONT DES CASQUES TRÈS EFFICACES LORS DES TOURNOIS DE POLOCHONS.
AÏE ! TU VAS TÂTER DE MA RIPOSTE, MANANT !
PLOF !
ILS CONSTITUENT DES CIBLES DE CHOIX POUR ARCHERS VIRTUOSES.
ON NE DÉFIE PAS IMPUNÉMENT OSCAR DES BOIS !
ET ILS SONT AUSSI TRÈS PRATIQUES POUR RANGER NOS PRÉCIEUSES AFFAIRES.
287

CHEF, J'AI CAPTURÉ UN ENNEMI, MAIS IL REFUSE DE ME RÉVÉLER OÙ EST SON CAMP.
PARFAIT ! ATTACHE-LE SOLIDEMENT !
VOUS PERDEZ VOTRE TEMPS. JE NE DIRAI RIEN DE RIEN !
AH OUI, UN DUR À CUIRE ? NOUS TE FERONS QUAND MÊME PARLER !
SAURAS-TU RÉSISTER À UNE CHAUSSETTE OUBLIÉE TROIS SEMAINES SOUS TA COMMODE ?
GLUPS ! VOUS NE M'AUREZ PAS !
ET SI ON TE MAQUILLAIT EN PRINCESSE ?
TIENS, UN ENREGISTREMENT DE PAPA CHANTANT SA BERCEUSE FAVORITE.
JE... JE TIENDRAI JUSQU'AU BOUT !
LES ENFANTS, LE GOÛTER EST PRÊT !
BON, ON FAIT UNE PAUSE, MAIS ON REPRENDRA APRÈS. ET TU PARLERAS !
HIN, HIN !
MAIS ?...
MAIS ?...
CRATCH
CROUNCH
KRR
MIAM
AU SECOURS, MANGEZ PAS TOUT !!!
JE VAIS PARLER ! LIBÉREZ-MOI, JE DIRAI TOUT !
311

De fiers en pis

ET VOILÀ LA GLACE "FAITE MAISON". ON VA SE RÉGALER !
TOINETTE ET OSCAR, SERVEZ-VOUS D'ABORD PUIS FAITES PASSER.
CHOUETTE !
ELLE A L'AIR DÉLICIEUSE.
EH ! N'EN PRENDS PAS TROP !
À MON TOUR !
ÇA VA, TOI ! TU EN AS PRIS LE DOUBLE DE MOI !
JE DOIS COMPLÉTER.
MAINTENANT, C'EST TOI QUI EN AS LE PLUS
C'EST PAS JUSTE !
OH, À PEINE...
QUAND MÊME, J'EN RAJOUTE.
STOP ! LÀ, TU M'AS LARGEMENT DÉPASSÉE ! J'ÉGALISE !
C'EST UNE IMPRESSION CAR MON ASSIETTE EST PLUS PETITE.
MAIS EN VRAI, J'EN AI MOINS.
HOP !
ET ENCORE !
UNE LICHETTE.
UNE DERNIÈRE CUILLÈRE...
ET UN PEU PLUS...
HUM...
ÇA Y EST ? VOUS EN AVEZ AUTANT L'UN QUE L'AUTRE ?
AH ? EUH... VOUS EN VOULIEZ ?...
419

AÏEUH !!!
ARRÊTE !
MAMAN !
ÇA SUFFIT, LES ENFANTS !
SOYEZ SAGES OU JE NE VOUS DÉPOSE PAS CHEZ LA MAMAN D'ARTHUR QUI VOUS A GENTIMENT INVITÉS !
MAIS... C'EST ELLE QUI A COMMENCÉ !
PAS VRAI, C'EST LUI QUI M'EMBÊTE !
ILS PRENNENT TOUTE LA PLACE !
ALLEZ, ON EST ARRIVÉS ! CALMEZ-VOUS ET TENEZ-VOUS BIEN OU VOUS NE SEREZ PAS RÉINVITÉS.
7
JE REPASSE VOUS PRENDRE VERS 18 HEURES.
EUH... SURTOUT, FAITES UN EFFORT POUR...
À TOUT À L'HEURE, M'MAN !
T'INQUIÈTE PAS !
BON, J'AI UN PEU DE TEMPS POUR FAIRE QUELQUES COURSES.
J'ESPÈRE QU'ILS NE VONT PAS TROP ME FAIRE HONTE.
BIEN, FINIE MA PETITE PAUSE.
ALLONS CONSTATER L'ÉTENDUE DES DÉGÂTS...
7
HUM !... ÇA S'EST BIEN PASSÉ ?
OH, ILS SONT CHARMANTS, HYPER-CALMES ET VRAIMENT POLIS. QUELLE CHANCE TU AS !...
AU REVOIR MADAME ET MERCI BEAUCOUP !
AH ? EUH... HÉ, HÉ !
EH BIEN, LES ENFANTS, JE SUIS TRÈS FIÈRE DE V...
OH, TU DÉPASSES !
C'ÉTAIT MA PLACE !
MAMAN, ILS ME POUSSENT !
AH, NON ! ÇA NE VA PAS RECOM...
EH, LES ENFANTS, J'AI UNE BONNE NOUVELLE...
VOUS ÊTES INVITÉS... CHEZ VOTRE MÈRE !
423

MA CHÉRIE, ÇA TE DIT UN PETIT RESTO POUR NOTRE ANNIVERSAIRE DE MARIAGE ?
OH !... AVEC JOIE !
C'EST BIEN LE 23 JUILLET, N'EST-CE PAS ?
QUOI ?!?? TU AS OUBLIÉ !?!! LE PLUS BEAU JOUR DE NOTRE VIE !!!
MAIS MAIS MAIS... PAS DU TOUT ! C'EST JUSTE LA DATE ! JE NE SAIS PLUS QUEL JOUR, MAIS...
TU N'AS PAS OUBLIÉ TA FEMME NON PLUS ? ET MON PRÉNOM, TU T'EN SOUVIENS ?
FAUT PAS EN FAIRE TOUTE UNE HISTOIRE.
J'AI JUSTE UN SOUCI AVEC LES CHIFFRES.
TU TE RENDS COMPTE... SNIF... ÇA DONNE L'IMPRESSION... SNIF... QUE JE NE COMPTE PLUS POUR TOI !.. SNIF...
MAIS ENFIN, MA CHÉRIE D'AMOUR QUE J'AIME COMME TOUT !... QUE VAS-TU T'IMAGINER LÀ ?...
J'AI UN TROU DE MÉMOIRE, C'EST TOUT !
BON, ALLEZ, JE NE SUIS PAS RANCUNIÈRE ! C'EST LE 12 ! ET CE N'EST PAS JUILLET, MAIS AOÛT !
TU ES UN ANGE !
DONC, MON CODE, C'EST 1.2.0.8 ! JE VAIS ENFIN POUVOIR DÉTACHER MON VÉLO !
PUIS FAUT PAS QUE J'OUBLIE DE RÉSERVER LE RESTO.
389

EN GARDE, INFÂME VIKING ! VIENS TÂTER DE MON SABRE LASER !
DÉFENDS TA PEAU, VIL JEDI INTERGALACTIQUE.
MA HACHE VA TE FAIRE RAVALER TA MORGUE !
TIENS, JE TE COUPE L'ÉPAULE.
MON ARMURE ME PROTÈGE. ET MA HACHE TE FRACASSE LE CRÂNE.
MÊME PAS MAL ! PAR CONTRE... ZZZIOM ! T'AS PLUS DE JAMBE GAUCHE.
AH, AH ! MÊME SUR UN PIED, JE PEUX T'OUVRIR LE VENTRE !
MAIS JE NE SERAIS PAS MORT. HOP, COUP DE LASER PLUS VIF QUE L'ÉCLAIR ! T'ES COUPÉ EN DEUX.
TROP TARD, JE T'AI TRANCHÉ LA TÊTE AVANT.
JE SUIS BLESSÉ SEULEMENT. ALORS JE RIPOSTE EN TE...
OUPS !
AÏE, AÏE, AÏE !
ÇA FAIT TROP MAL !
ET JE SAIGNE EN PLUS !
BOUGE PAS ! J'AI DU MAL À VOIR TON ÉCORCHURE.
PAS FAIT EXPRÈS !
468

CHRRR

Coloriage

GRÂCE À LA LUMIÈRE QUE LAISSE PASSER LA PORTE ENTROUVERTE, PARFOIS, LE SOIR, ON S'AMUSE À FAIRE DES OMBRES CHINOISES.
ÇA Y EST, PAPA EST REDESCENDU !
SUPER ! ON PEUT Y ALLER ! JE COMMENCE.
C'EST LE CONCOURS DE L'OMBRE QUI FERA LE PLUS PEUR.
VISE UN PEU LE CROCODILE À LA RECHERCHE DE SA PROIE.
PAS MAL ! À MOI !
IL Y EN A DES TERRIBLES !
GARE AU LOUP QUI SORT DU BOIS !
HÉ HÉ, À MON TOUR.
DES SUPER EFFRAYANTES.
UNE PETITE TARENTULE QUI MONTE... QUI MONTE...
GLUPS ! J'ESSAIE DE FAIRE MIEUX.
ON N'EST VRAIMENT PAS MAUVAIS...
QU'EST-CE QUE TU DIS DE MON TYRANNOSAURUS REX ?
BRRRR ! JE VAIS CAUCHEMARDER TOUTE LA NUIT.
MAIS À LA FIN, C'EST TOUJOURS PAPA QUI GAGNE !
QU'EST-CE QU'IL SE PASSE ICI ?!??
QUEL TALENT !
?
ZZZZZZZZ
ZZZZZ
ZZZZ
499

Envie des « ho ! »

AUJOURD'HUI, LES ENFANTS VONT VOUS PRÉSENTER QUELQUES LIVRES QU'ILS ONT DÉVORÉS.
J'ESPÈRE QU'ILS ARRIVERONT À VOUS COMMUNIQUER LEUR PASSION.
ALLEZ-Y, ÇA FILME !
HUM !... EUH, VOICI LA FAMILLE TRIC-TROC. DES REBONDISSEMENTS À CHAQUE CHAPITRE ET UNE INTRIGUE QUI VA FAIRE GRANDIR CHACUN.
ÇA A L'AIR VRAIMENT BIEN.
DANS LA COLLECTION "VIES DE SAINTS", J'AI BEAUCOUP AIMÉ SAINT MARTIN, SA CONVERSION ET TOUT LE RESTE...
ENFIN, MOI, JE FAIS ÇA AVEC MON MANTEAU, JE VOUS RACONTE PAS LA PUNITION QUE JE PRENDS !
"LES ENQUÊTES DU CHAT-LION." C'EST VRAIMENT PLAPI... PALPLI... EUH... TRÈS CHOUETTE !
TU L'TIENS À L'ENVERS !
EUH... VOILÀ, EN TOUT CAS, JE VOUS LE RECOMMANDE.
"NATURLICHT" UN RECUEIL DE POÉSIE QUI NOUS FAIT DÉCOUVRIR LA NATURE SOUS UN VISAGE MERVEILLEUX QUI MONTRE DU DOIGT LES EUH... MERVEILLES QUI NOUS ENTOURENT.
UN PEU D'ACTION AVEC "DU RIFIFI CHEZ LES SCOUTS". UN SIGNE DE PISTE TRÈS SYMPA AVEC... DES SCOUTS !
ET DE L'HISTOIRE AVEC LA VIE D'UNE PRINCESSE AU MOYEN ÂGE. ON APPREND PLEIN DE CHOSES...
...MÊME SI JE TROUVE QUE ÇA MANQUE UN PEU DE PONEYS.
MERCI LES ENFANTS POUR VOS AVIS ÉCLAIRÉS QUI AIDERONT NOS AUDITEURS À SE CULTIVER PLAISAMMENT.
ET BONNES LECTURES À TOUS !
SUPER ! TU PEUX NOUS RENDRE NOS BD MAINTENANT ?
VIIIITE, J'ÉTAIS EN PLEINE AVENTURE !
AÏE, ATTENDEZ, JE N'AI PAS ENCORE COUPÉ LA VIDÉO !
519

AUJOURD'HUI, NOUS ALLONS CONFECTIONNER UN BON GÂTEAU EN SUIVANT UNE VRAIE RECETTE FAMILIALE...
...ISSUE DE LA VIE QUOTIDIENNE ET NON D'UN FADE LIVRE DE RECETTES DÉCONNECTÉES DE LA RÉALITÉ.
ALLONS-Y !
Recettes de la Vraie Vie
COMMENCEZ PAR LA FARINE. COMME VOUS N'AVEZ PAS 500 GRAMMES, COMPLÉTEZ AVEC CE QUE VOUS AVEZ SOUS LA MAIN.
AH, EFFECTIVEMENT ! ALLEZ, UN PEU DE SARRASIN FERA L'AFFAIRE.
AU NIVEAU DES OEUFS, IL DOIT VOUS EN RESTER 3 DANS UNE BOÎTE ET 1 DANS LE FRIGO.
YES ! PILE 4 ! QUELLE CHANCE !
BERTILLE, TU VIENS M'AIDER ?
SI UN ENFANT VOUS AIDE, ALLEZ DEMANDER DES ŒUFS SUPPLÉMENTAIRES À VOTRE VOISINE.
JE LES METS DANS QUEL PL...
SPLASH !
OUPS, PAS FAIT EXPRÈS !
VA VOIR SI CAMELIA PEUT NOUS DÉPANNER...
POUR LES 100 GRAMMES DE SUCRE EN POUDRE, COMME LE PAQUET EST VIDE, BROYEZ 8 SUCRES EN MORCEAUX DANS VOTRE ROBOT MIXER.
VRAIMENT BIEN CETTE RECETTE. POUR UNE FOIS QUE J'AI TOUS LES INGRÉDIENTS !
À DÉFAUT D'UNE TABLETTE DE "CHOCOLAT SPÉCIAL PÂTISSERIE", FAITES FONDRE LES ŒUFS DE PÂQUES OUBLIÉS DANS LE RÉFRIGÉRATEUR.
ÇA DOIT AUSSI MARCHER AVEC LES PAPILLOTES DE NOËL.
IL NE RESTE PLUS QU'À ENFOURNER ET FAIRE LÉCHER LES PLATS AUX ENFANTS.
JE PEUX ? GÉNIAL !
STOP ! ON PARTAGE !
PENDANT LA CUISSON, FAITES PARTIR UNE LESSIVE AVEC LES HABITS PLEIN DE TACHES DE CHOCOLAT.
GRMBL !
TERMINEZ EN GRATTANT LA CROÛTE BRÛLÉE DU GÂTEAU OUBLIÉ DANS LE FOUR.
QUI A MIS LE THERMOSTAT SUR 200°C ?
ON PEUT GOÛTER ?
LA PROCHAINE FOIS, NOUS VERRONS LE "BŒUF-CAROTTES" AU PORC SANS CAROTTES.
MIAM !
Recettes de la Vraie Vie
513

Planeur planté

?!?
ON SORT FAIRE UN PEU D'EXERCICE.
ON N'A PAS BOUGÉ DE L'APRÈS-MIDI… ON N'EN PEUT PLUS !
573

Si pâle film, on fulmine !

UNE PARTIE DE FOOT ? ON NE PEUT PAS JOUER À TROIS. IL FAUDRAIT ÊTRE PLUS NOMBREUX.
AVEC SYMPHORIEN, ON FERA DEUX ÉQUIPES DE DEUX.
QUOI ? MAIS IL EST TROP PETIT !
MOI, JE VEUX BIEN LE PRENDRE AVEC MOI. JE L'AI BEAUCOUP ENTRAÎNÉ ET IL EST VACHEMENT FORT, MAINTENANT.
SUPER ! COMME TU VEUX. JE SUIS AVEC BERTILLE, ALORS. ON VA VOUS PULVÉRISER.
ON PARIE ?
TOP, C'EST PARTI !
ALLEZ, BERTILLE, UNE PASSE !
TIENS !
POF
OSCAR L'AILIER DROIT AVANCE EN TERRITOIRE ENNEMI, AFFRONTANT SES ADVERSAIRES L'UN APRÈS L'AUTRE...
HOP ! HÉ, HÉ ! IL NE LAISSE AUCUNE CHANCE À LA DÉFENSE.
ATTENTION, SYMPHORIEN ! JE COMPTE SUR TOI !
LE REDOUTABLE BUTEUR SE RETROUVE SEUL FACE AU PAUVRE GARDIEN TERRORISÉ.
HOP, UN JEU DE JAMBES INCROYABLE...
QUELLE MAÎTRISE DE BALLE !
POF
PAF
BALLON ?
L'INCOMPARABLE NUMÉRO DIX S'APPRÊTE À ENVOYER LE BALLON TEL UN BOULET DANS L...
BALLON ?
BALLON !
BEUH... TIENS, SYMPHORIEN...
QUEL FANTASTIQUE ARRÊT DU GARDIEN DE BUT !
UNE PASSE, SYMPHO !
BALLON !
POC
587

DIS, MAMAN, ON PEUT ALLER JOUER DANS LE PETIT BOIS DERRIÈRE LA MAISON ?
PAS DE SOUCIS ! NE PARTEZ PAS TROP LOIN.
COOL !
PROMENONS-NOUS DANS LES BOIS, PENDANT QUE LE LOUP N'Y EST PAS...
HAHA ! HEUREUSEMENT QU'IL N'Y A PLUS DE LOUPS EN FRANCE !
SI, JE CROIS QU'ON EN A RÉ-INTRODUIT DANS CERTAINES RÉGIONS.
AVEC DES DENTS TRÈS POINTUES !
C'EST... C'EST VRAI ?
MÊME QUE QUAND ON LES ENTEND HURLER, C'EST QU'ON VA BIENTÔT FINIR DANS LEUR ESTOMAC !
ET... C'EST QUOI, LEUR CRI ?
QUELQUE CHOSE COMME OUUUUH !
NAN ! PLUTÔT OUH OUUUUH !
ÇA FAIT UN PEU "HIBOU". JE VERRAIS PLUTÔT UN TRUC COMME OUH OUUUUH !
GLUPS !
OUH OUUUUH !
MAMAN !!!
OUHOUUUUH !
LES ENFANTS ! OÙ ÊTES-VOUS ?
606

LES ENFANTS, LE GOÛTER EST PRÊT !
ON ARRIVE !
MIAM, DU CHOCOLAT AU LAIT !
ÇA FAIT DU BIEN DE FAIRE UNE PAUSE...
... AVEC UN BON CASSE-CROÛTE DANS UN BEAU JARDIN.
QUAND JE SERAI GRANDE, J'AURAI UN JARDIN ENCORE PLUS GRAND QUE CELUI-CI, AVEC UNE ÉNORME MAISON.
LA MIENNE, ELLE DÉPASSERA LES ARBRES.
MOI, J'Y METTRAI PLEIN DE TOURS.
J'AURAI UN IMMENSE SÉJOUR AVEC UN COIN TÉLÉ.
HAHA ! MOI, J'AURAI UNE SALLE AVEC UN ÉCRAN QUI PRENDRA TOUT LE MUR, COMME AU CINÉMA.
ET MOI, JE RAJOUTERAI UN THÉÂTRE !
LA MIENNE, ELLE FERA SEPT ÉTAGES AVEC DEUX ASCENSEURS.
ET LA MIENNE, ELLE SERA TOUTE VITRÉE COMME UNE CATHÉDRALE !
BANAL ! MA MAISON, CE SERA UNE SORTE D'ARCHE QUI FRANCHIRA UNE RIVIÈRE COMME UN PONT.
BON, ON Y RETOURNE ?
ALLEZ, AU BOULOT !
ALLONS-Y !
'TENTION ! NE T'APPUIE PAS SUR LE MUR ; IL NE ME SEMBLE PAS TRÈS SOLIDE.
ELLE EST TOP, NOTRE CABANE, MAIS... VOUS ÊTES SÛRS QUE ÇA VA TENIR ?
ON AURAIT PEUT-ÊTRE DÛ LA FAIRE PLUS PETITE.
616

OSCAR, PEUX-TU M'APPORTER LE MELON, S'IL TE PLAÎT ?
TOUT DE SUITE !
JE DRIBBLE JUSTE DEUX OU TROIS ADVERSAIRES ET... HOP, LA PASSE !
GRMBL !
MERCI !
MAMAN ! Y'A OSCAR QUI M'A FAIT UN TACLE ! TU PEUX LUI DONNER UN CARTON ROUGE ?
J'AI MAL !
ÉCOUTE, JE SUIS OCCUPÉE À PRÉPARER LE REPAS. VA TE PLAINDRE À TON PÈRE.
JE NE SUIS PAS DU TOUT CONTENT, OSCAR ! SUR LE BANC DE TOUCHE !
ET ARRÊTE DE JOUER LA MONTRE !
C'EST PAS JUSTE ! ELLE SIMULE !
DITES, FAUT PASSER À TABLE SI ON...
ATTENTION MAMAN, TU ES DEVANT LA TÉLÉ ! T'ES HORS-JEU !!!
RÔÔÔÔ ! JE COMMENCE À EN AVOIR RAS LE BOL, MOI, DE CETTE COUPE DU MONDE !
FRANCHEMENT, QUEL INTÉRÊT ÇA A DE...
MAIS... EH ! REGARDEZ !!!
OUIII ! BUUUT !
506

HÉ, HÉ, BONNE PIOCHE ! J'AI UNE FAMILLE !
T'INQUIÈTE, JE VAIS TE RATTRAPER. TROP MARRANT, CE JEU !
CHUT, MAMAN VIENT ! VITE, RANGEZ TOUT !
MAMAN, ON S'ENNUIE !
QU'EST-CE QU'ON PEUT FAIRE ?
MMM ?
1, 2, 3, SOLEIL !!!
'TENTION, MAMAN ARRIVE !
EUH... MAMAN, ON S'ENNUIE TOUJOURS...
ORGANISEZ DONC UN JEU !...
MAIS ON N'A PAS D'IDÉE.
C'EST BERTILLE LE CHAT !
JE PEUX JOUER AVEC VOUS ?
BIEN SÛR !
STOP, IL Y A MAMAN QUI SORT !
MAMAN, ON S'ENNUIE !
ON NE SAIT PAS QUOI FAIRE.
BEUH... JE NE COMPRENDS PAS !...
MAMAN A CONFISQUÉ LA TÉLÉCOMMANDE POUR UNE SEMAINE. SI ELLE VOIT QU'ON S'AMUSE BIEN, ELLE NE VA JAMAIS NOUS LA RENDRE !
393

Les Familius

Naissance d'une BD

Des premiers croquis, cherchant à tâtons quelle personnalité donner à chacun, jusqu'à leur apparence actuelle, chaque Familius s'est forgé son caractère dans la confrontation avec les autres membres de la famille, a mûri, est devenu un peu plus lui-même grâce aux autres... comme chacun de nous !

Plus qu'un reflet fidèle de notre quotidien, cette famille « expérimentale » permet à chacun, petit ou grand, de trouver un peu de recul pour relire sa vie et retrouver les joies et les travers vécus au sein d'une famille qui s'amuse, crie, se dispute, mais qui s'aime.

Allez ! Tournez la page pour rencontrer davantage ces héros de papier.

Ils répondront avec plaisir à toutes les questions que vous voudrez bien leur poser !

M. Familius

Pour commencer, M. Familius, quel âge avez-vous ?

- ~~Pfff,~~ pas facile de répondre, ça change chaque année. Vous n'auriez pas une question plus simple ?

Et les enfants ? Pourquoi Quatre ? C'était votre chiffre fétiche ?

- Pas du tout, mon nombre favori, c'est le 59. Ne me demandez-pas pourquoi…

Comment définiriez-vous votre rôle au sein de la famille ?

- Oh, je suis un père de famille comme beaucoup d'autres. J'ai plein de bonnes idées sur « comment réussir à élever mes enfants », mais ils ont de bien meilleures idées sur « comment me faire échouer ».

Ah, l'éducation ! Alors, plutôt carotte ou plutôt bâton ?

- Chez nous, pas de gaspillage ! Les carottes, en salade ! et les bâtons, dans la cheminée pour faire démarrer une bonne flambée !

Pour conclure, d'après vous, que faut-il pour faire un bon père de famille ?

- Facile ! Il faut des enfants raisonnables, obéissants, travailleurs et joyeux, serviables, respectueux les uns des autres..

Et surtout pas mal d'humour pour compenser l'absence de tout ça en cas de besoin !

Mme Familius

Madame ? Mais au fait, quel est votre prénom ?

– Oh, j'en ai plein ! Pour les enfants, c'est « maman ». Et pour mon mari, il y a le choix entre : « trésor », « chérinette », « ma libellule tropicale »…

Question indiscrète : la cuisine, ce n'est pas vraiment votre truc, il paraît ?

– Non mais c'est quoi ces insinuations ?!?? Vous méritez que je vous oblige à finir votre assiette de ratatouille bulgare (ma spécialité)…

Mère de famille… un sacré métier ?

– Oui, mais sans salaire, sans perspective d'évolution, et surtout sans congé. Et ce n'est pas un plein-temps de 35 heures ; là, c'est du 168 heures par semaine. Bon, d'accord, j'étais bien contente de décrocher le job, et je ne le regrette toujours pas !

Parmi vos quatre enfants, vous avez bien un préféré ? Lequel ?

– Celui qui ne pose pas de question stupide comme celle-là.

La principale qualité pour une mère de famille ?

– Euh… la douceur ! Non, la patience, plutôt. Ou alors… oui, le calme. Euh, non, la fermeté ! En fait, non, je dirais plutôt la compréhension. Ou la compassion. Mais à bien réfléchir… ce serait plutôt la constance !…

(suite p. 110)

PAPA, MAMAN, VOUS VENEZ ?...
QUOI, DÉJÀ ?!??
OUI, ÇA DÉMARRE À 19H PILE. FAUT Y ALLER !
EUH... VAS-Y SANS MOI. J'AI UN TRAVAIL À FINIR !
TON TRAVAIL ATTENDRA.
DÉJÀ L'ANNÉE DERNIÈRE TU AVAIS TROUVÉ UNE EXCUSE.
OUI, MAIS L'ANNÉE PRÉCÉDENTE, J'AI MIS TROIS JOURS À M'EN REMETTRE.
ÉCOUTE, ÇA LEUR FAIT TELLEMENT PLAISIR !
J'AI UN PEU MAL AU VENTRE EN CE MOMENT. CE NE SERAIT PAS RAISONNABLE...
TU AS ÉTÉ SCOUT, TU T'EN REMETTRAS !
PEUT-ÊTRE QUE TOUTE SEULE, TU...
ON EST MARIÉS, ON Y VA TOUS LES DEUX.
TIENS, TON BLOC-NOTES.
CETTE ANNÉE, ÇA VA ÊTRE EXCEPTIONNEL. ON S'EST SURPASSÉS !
J'AI INVENTÉ UNE NOUVELLE RECETTE DE FRAISES AU CHORIZO.
MOI, J'AI DES CHANCES DE GAGNER AVEC MES CORNICHONS FARCIS AUX CHAMALLOWS !
TU PARLES, JE VAIS T'ÉCRASER AVEC MES FRITES À LA CRÈME DE MARRONS.
AH ? ON VERRA. ON EST UN JURY IMPITOYABLE, HA, HA !
1
2
3
GRAND CONCOURS CUISINE FAMILIUS
271

Bêtes tests lestes

LE JOUR SE LÈVE SUR CE PAYSAGE ARIDE MAIS GRANDIOSE DU JURASSIQUE. LE TURIASAURUS DÉJEUNE PAISIBLEMENT, QUAND...
UN BRUIT SUSPECT MET SES SENS EN ÉVEIL.
?
VITE, IL FAUT FUIR UN ÉVENTUEL PRÉDATEUR !
MAIS... QUE SE PASSE-T-IL ? SES PIEDS SONT PRIS AU PIÈGE DANS LE MARÉCAGE.
ET COMBLE DE MALCHANCE, LE VOLCAN ENTRE EN ÉRUPTION !!!
GLUPS !
PAUVRE TURIASAURUS ! QUE VA-T-IL LUI ARRIVER ?... C'EST ALORS QUE RETENTIT LE TERRIBLE CRI...
PRIVÉ DE DESSERT !
UN VOLCAN AVEC TA PURÉE, PASSE ENCORE, MAIS LES DOIGTS DANS L'ASSIETTE, C'EST NON !
ON NE VIT PAS À L'ÉPOQUE DES HOMMES PRÉHISTORIQUES !
289

VRRRRRRRRRRR
TIENS ? QUEL EST CE BRUIT ?
EUH... JE DIRAIS... L'ASPIRATEUR ! OUI, C'EST BIEN ÇA ! JE RECONNAIS CE RONRONNEMENT.
BEN... POURQUOI LES ENFANTS PASSERAIENT-ILS L'ASPIRATEUR À L'ÉTAGE ?
JE NE SAIS PAS, MOI...
SANS DOUTE VEULENT-ILS TE FAIRE UNE SURPRISE...
MMM ? JE PENCHERAIS PLUTÔT POUR UNE BONNE GROSSE BÊTISE QU'ILS ESSAIENT DE CAMOUFLER.
JE PARIE QU'ILS ONT RENVERSÉ LE RÉSERVOIR DU TAILLE-CRAYONS...
MEUH NON ! ILS ONT RANGÉ LEURS CHAMBRES ET LES NETTOIENT DE FOND EN COMBLE !
ÇA DURE LONGTEMPS !... ÇA DOIT ÊTRE ÉNORME, COMME BÊTISE !
SÛREMENT TOUTE LEUR RÉSERVE DE SABLE DE DIFFÉRENTES COULEURS SUR LA MOQUETTE...
TU CONNAIS MAL NOS ENFANTS. ILS DOIVENT ASPIRER LE COULOIR ET NOTRE CHAMBRE EN PRIME.
JE CRAINS QUE CE NE SOIT TOI QUI T'ILLUSIONNES.
NAN, J'AI CONFIANCE.
J'AI TROP PEUR ! MONTONS VOIR LE CARNAGE !
ALLONS PLUTÔT LES REMERCIER ET LES FÉLICITER.
GLUPS !
JE SUIS SÛRE D'AVOIR RAISON !... HÉLAS !
TU VAS VOIR QUE TU AS TORT !
BON, TU L'ÉTEINS, CET ASPIRATEUR ?
PAS QUESTION ! C'EST TOI QUI L'AS DÉCLENCHÉ EN LANÇANT LE NOUNOURS. ALORS, C'EST TOI QUI L'ÉTEINS !
MOI, ÇA NE ME DÉRANGE PAS DU TOUT !
VRRRRR
424

VOUS NE PRENEZ PAS VOTRE CAFÉ DEHORS ?
NON, NON. ON EST BIEN AU SALON.
ÇA TOMBE BIEN, CAR ON VOUS A PRÉPARÉ UN PETIT DUO.
ON A PASSÉ DU TEMPS À RÉPÉTER !
ALORS ? ÇA REND BIEN, HEIN ?
C'EST… GLUPS… TRÈS JOLI !
ET TRÈS… HEU… MODERNE ?
BON. PUISQUE L'INTRO VOUS A PLU, ON VOUS JOUE LA SUITE DU PROGRAMME !
PRÊTE ? ATTENTION, C'EST "FORTISSIMO". TROIS, QUATRE !
EUH… EN FAIT, ON N'A PLUS TROP LE TEMPS, LÀ…
OUI, OUI, DU JARDINAGE QUI M'ATTEND !
ET UNE COURSE EN VILLE… URGENTE !
OUF ! J'AI BIEN CRU QUE ÇA NE MARCHERAIT PAS !
FLÛTE ! LE FILM A DÉJÀ COMMENCÉ !
C'EST BON ? LA PLACE EST LIBRE ?

Le vice des vis

REGARDE, BERTILLE, LA BALANÇOIRE QUE JE VIENS D'INSTALLER. ÇA TE FAIT PLAISIR ?
BEN... JE NE SUIS PLUS UN BÉBÉ !...
MAIS C'EST AMUSANT, UNE BALANÇOIRE. IL N'Y A PAS D'ÂGE POUR JOUER AVEC.
BOF... J'AURAIS PRÉFÉRÉ UN NOUVEAU PETIT PONEY.
POURTANT, ÇA DONNE DES SENSATIONS.
M'OUI, UN BON MAL DE COEUR, SOUVENT...
BON, TU JOUERAS QUAND MÊME UN PEU AVEC ?
BOF... PEUT-ÊTRE... JE NE SAIS PAS...
CHOUETTE, UNE BALANÇOIRE TOUTE NEUVE !
TROP TARD, J'ÉTAIS LÀ AVANT !
BON, DANS 20 MINUTES, C'EST MON TOUR.
280

LES ENFANTS, QUE DIT-ON QUAND ON ARRIVE ?
BONJOUR TANTE LUCIE !
AH, BONJOUR MES PETITES SAUTERELLES !
JUSTE À L'HEURE POUR LE GOÛTER...
ILS ÉTAIENT TRÈS CONTENTS DE TON INVITATION.
MAIS... POURQUOI LES APPELLES-TU "SAUTERELLES" ?
EH BIEN... EUH...
ILS NE SAUTENT PAS PARTOUT !
NON...
ILS N'ONT PAS DE GRANDES JAMBES !
NON PLUS...
ILS NE SONT PAS VERTS !
NON...
ALORS ?...
LES NUAGES DE SAUTERELLES, TU CONNAIS ?
ENCORE UN P'TIT CREUX, MOI...
BON... ET APRÈS ÇA ?...
CROUNCH
TU CROIS QU'IL N'Y A RIEN D'AUTRE ?
CROUNCH
CROUNCH
245

TIENS, TU FAIS QUOI ?
DU PEMMICAN ! C'EST UNE VIEILLE RECETTE INDIENNE.
ET... C'EST DUR À FABRIQUER ?
C'EST TRÈS SIMPLE : IL TE FAUT DE LA MOUTARDE FORTE, UN PEU DE BISON, QUELQUES FEUILLES DE PISSENLIT ET UN ARC.
UN ARC ? ÇA SERT À QUOI ?
TU VERRAS... D'ABORD, TU COUPES EN TOUT PETITS MORCEAUX DES TRANCHES DE BISON.
SI TU N'EN AS PAS, DU VIEUX PAIN RASSI PEUT REMPLACER.
ET L'ARC ?
ATTENDS !
PUIS TU BROIES LES FEUILLES DE PISSENLIT FRAÎCHEMENT CUEILLIES.
MAIS... ET L'ARC ?
MINUTE !
ET ENFIN, TU MÉLANGES LE TOUT AVEC DE LA MOUTARDE ET TU REMUES BIEN.
BEURK, PERSONNE NE VOUDRA Y GOÛTER !
ET SI ! CAR C'EST LÀ QUE SERT...
...MON ARC !
UGH ! VISAGE PÂLE MANGER, OU ALORS POTEAU DE TORTURE !
GLUPS
331

Glaces en place

DIS, PAPA, IL Y A QUOI APRÈS 39 ?
MMM ? 40 !
AH, MINCE ! JE CROYAIS QUE C'ÉTAIT 50 ! JE VAIS RECOMMENCER.
DIX MINUTES PLUS TARD...
ET APRÈS 69, C'EST QUEL NOMBRE ?
EH BIEN, 70, IL ME SEMBLE...
HOLÀLÀ, JE ME SUIS EMBROUILLÉE ! JE VAIS TOUT REPRENDRE DU DÉBUT.
ENCORE DIX MINUTES PLUS TARD...
AU FAIT, C'EST BIEN 80 APRÈS 79 ? J'AI UN DOUTE.
OUI, OUI, 80 !
TANT QUE J'Y SUIS... APRÈS 89, IL Y A 90 ?
BIEN SÛR ! DIS DONC, ÇA VA DURER ENCORE LONGTEMPS ?
NON, NON, AVEC ÇA, JE VAIS Y ARRIVER.
ET ENCORE DIX MINUTES PLUS TARD...
98, 99, 100 ! ATTENTION, J'ESPÈRE QUE VOUS ÊTES BIEN CACHÉS !
RONNNN ZZZZZZ ZZZZZZ
RONNNN ZZZZZZ ZZZZZZ
150

Monsieur et Madame

- ★ Monsieur et Madame Hallamesse ont une fille, comment l'appellent-ils ?
  Eva (Elle va à la messe).
- ★ Monsieur et Madame Fonfek ont une fille, comment s'appelle-t-elle ?
  Sophie (saucisson sec).
- ★ Monsieur et Madame Deuf ont un fils, comment s'appelle-t-il ?
  John (jaune d'oeuf).
- ★ Monsieur et Madame Nana ont un fils, comment s'appelle-t-il ?
  Juda (jus d'ananas).
- ★ Monsieur et Madame Pennflam ont une fille, comment s'appelle-t-elle ?
  Katy (Capitaine Flam).
- ★ Monsieur et Madame Didonk ont un fils, comment s'appelle-t-il ?
  Aubin (oh bin dis donc).

La labyrinthe du sauveteur

Symphorien s'est perdu sur la plage, aide sa maman à le retrouver.

Réponses en p. 142-143

Mots croisés

Bertille a trouvé sur la table basse du salon le mot croisé de sa grand-mère. Peux-tu l'aider à le compléter ?

Horizontal

4. Sur un chemin nous faisons une promenade, mais dans la mer, nous faisons une…
7. Donne lumière et chaleur à la terre.
11. Contraire de la zone urbaine.
12. Il est bien mérité quand on a beaucoup travaillé.
13. Grande étendue d'eau salée.

Vertical

1. On peut le faire avec des cartes ou avec un ballon.
2. Étendue de sable qui borde la mer.
3. On la fait généralement après le déjeuner.
5. Grand bassin prévu pour nager.
6. C'est bon parce que c'est froid.
8. Familius en est une.
9. Temps de repos où on ne va pas à l'école.
10. On peut y aller en hiver pour skier ou en été pour randonner.

Réponses en p. 142-143

Mots mêlés

P	W	L	O	I	B	Y	F	A	M	I	L	L	E	U	G	A	L	B	E
I	E	N	G	A	T	N	O	M	M	S	B	I	W	S	B	Z	M	L	R
S	N	L	E	U	Q	I	S	U	M	I	T	W	O	R	C	P	E	E	V
C	A	T	P	V	O	I	T	U	R	E	S	L	C	A	T	P	M	W	I
I	V	V	E	R	Z	P	P	O	T	G	E	J	G	N	L	A	L	W	L
N	I	E	K	U	O	F	K	E	U	I	R	E	D	D	F	P	M	M	R
E	O	T	N	F	C	M	B	S	L	R	V	U	A	O	I	A	C	P	T
J	N	N	A	N	M	E	E	Q	Y	L	I	X	D	N	T	K	A	R	A
O	S	A	M	V	L	S	B	N	S	V	E	S	D	N	I	O	E	I	V
I	E	T	A	N	N	H	C	R	A	Ç	T	H	M	E	R	R	K	M	D
E	A	B	M	O	J	Ç	L	C	A	D	T	O	Q	E	P	B	S	R	T
U	U	O	B	X	Q	B	A	S	Q	B	E	Y	S	H	A	W	D	O	G
D	L	N	W	E	N	N	E	E	T	U	O	R	O	T	U	A	Y	D	E
V	O	F	L	U	C	J	V	R	D	F	J	M	U	H	N	Q	T	H	X
B	U	B	V	E	E	C	I	V	I	N	K	R	V	S	B	P	J	R	O
J	A	A	S	A	O	S	S	I	X	R	D	A	E	S	O	T	O	H	P
S	V	C	E	U	R	A	I	C	G	B	G	R	N	P	L	A	G	E	Z
J	F	X	S	T	E	H	T	E	Ç	Y	Y	D	I	J	M	K	Z	O	N
S	B	I	Q	B	A	T	E	A	U	G	I	J	R	B	C	A	J	O	F
A	N	X	P	V	P	R	L	J	I	E	N	K	S	H	B	G	C	L	V

amis
apéritif
autoroute
avion
barbecue
bateau
blague
bonbons
camper
cousin
danser
dormir
été
famille
jeux
joie
livre
mer
montagne
musique
oncle
pelle
rateau
papa
seau
maman
photos
piscine
plage
promenade
randonnée
rire
sable
service
serviette
soleil
souvenirs
tante
tourisme
vacances
vélo
visite
voiture

Réponses en p. 142-143

Jeux

La bonne rigolade

1. Qu'est ce qui a 124 dents et 2 yeux ?

Un crocodile.

2. Et qu'est ce qui a 2 dents et 124 yeux ?

Un bus de personnes âgées.

3. Que met un rat pour aller à un bal ?

Du mascara (Masque à rat).

4. Que fait un kayac à l'envers ?

Glou glou

5. Je disparais quand on prononce mon nom. Qui suis-je ?

Le silence.

Le labyrinthe qui rend fou

Aide Oscar à retrouver sa casquette avant qu'il ne perde la tête !

Réponses en p. 142-143

Jeux

On ne dit pas...

★ On ne dit pas : « un sergent » mais « une ceinture ».

★ On ne dit pas : « C'est l'Amazone » mais « voici ma chambre ».

★ On ne dit pas : « un potager » mais « un vieux copain ».

★ On ne dit pas : « un match interminable » mais « une rencontre entre mauvais joueurs ».

★ On ne dit pas : « mon amiral », mais « mon copain rouspète »

★ On ne dit pas : « un chapitre », mais « un matou rigolo »

★ On ne dit pas : « javelliser», mais « j'ai lu »

★ On ne dit pas : « démanger », mais « vomir »

★ On ne dit pas : « faux départ » mais « je veux du gâteau ».

Le labyrinthe infernal

Aide papa Familius à récupérer de l'eau au centre du labyrinthe.

Réponses en p. 142-143

LES ENFANTS, VENEZ VITE, NOUS SOMMES ATTENDUS CHEZ TANTE JUSTINE À 16H !
MAIS ON A PRESQUE TERMINÉ NOTRE PARTIE DE DAMES...
ET RAPPELEZ-VOUS : TANTE JUSTINE EST TRÈS MANIAQUE. JE COMPTE SUR VOUS POUR NE PAS DÉRANGER SES AFFAIRES.
BONJOUR TANTE JUSTINE !
BONJOUR LES ENFANTS... HOLÀ, ATTENTION AU VASE !
VOUS AVEZ BIEN ESSUYÉ VOS PIEDS ?...
QUELLES JOLIES ASSIETTES !
C'EST UNE COLLECTION TRÈS PRÉCIEUSE QUI VIENT DE CHINE. VOUS POUVEZ REGARDER MAIS PAS DE BÊTISES !
JE SUIS INQUIÈTE : ON N'ENTEND PLUS LES ENFANTS...
?
ET HOP, JE TE PRENDS 2 PIONS !
PAS GRAVE, JE VAIS BIENTÔT ME FAIRE UNE DAME !...
133

CHTLING !
MON VASE ! ÇA SUFFIT, LES ENFANTS ! ALLEZ VOUS EXCITER DEHORS ! VOUS ÊTES INSUPPORTABLES !
PUISQU'ON N'EST PLUS AIMÉ ICI, ON N'A QU'À S'EN ALLER...
ET ON NE REVIENDRA JAMAIS !
BIEN DIT ! ON QUITTE CETTE MAISON POUR TOUJOURS !
À NOUS LA LIBERTÉ !
AH AH ! FINI D'OBÉIR !
MARRE DE RECEVOIR TOUT LE TEMPS DES ORDRES DES PARENTS !
TANT PIS SI ON LEUR MANQUE.
ILS REGRETTERONT D'AVOIR ÉTÉ MÉCHANTS AVEC NOUS !
ET RIEN NE NOUS FERA CHANGER D'AVIS !
LES ENFANTS, C'EST L'HEURE DU GOÛTER ! J'AI FAIT DES GAUFRES !
FINALEMENT, ON NE PEUT PAS LEUR FAIRE ÇA, AUX PARENTS !
ILS SERAIENT TROP TRISTES !
ILS ONT TROP BESOIN DE NOUS !
235

Souvenirs, souvenirs...

OUAHHH ! QUE FAITES-VOUS SI TÔT ?
CHUT !... ON PRÉPARE UN PETIT DÉJEUNER SURPRISE POUR LES PARENTS !
LEURS BOLS DE CAFÉ CHAUD À POINT...
DES TARTINES FINEMENT BEURRÉES...
AH OUI ! ET ON PEUT MÊME DESSINER UN PETIT CŒUR AVEC LA CONFITURE...
SANS OUBLIER LE POT DE MIEL ET LES BISCOTTES, AU CAS OÙ ILS AURAIENT ENCORE FAIM !
OH, JE PEUX LE LEUR APPORTER, S'IL VOUS PLAÎT ?
D'ACCORD ! TU ENTRES ET À 3, ON ALLUME.
ATTENTION, 1, 2, 3 !
AÏE, QU'EST-CE QUE...
BONJOUR PAPA ! BONJOUR MAM... EUH...
CLIC

Verte semaine

C'EST LE SOIR DES ENCOMBRANTS. ALORS SI VOUS ME DÉBARRASSIEZ DE CES VIEILLERIES QUI MOISISSENT DANS LE GRENIER, JE SERAIS TRÈS CONTENTE !
C'EST COMME SI C'ÉTAIT FAIT !
TU VAS ÊTRE SURPRISE PAR NOTRE EFFICACITÉ.
VOILÀ, CE N'EST PAS TRÈS COMPLIQUÉ...
TIENS... MAIS POURQUOI JETTENT-ILS CETTE VIEILLE COMMODE, LES VOISINS ?
REGARDE CETTE TÉLÉ, ELLE EST COMME NEUVE ! JE PARIE QU'IL N'Y A QU'UN FIL À REBRANCHER...
ET CETTE MOBYLETTE MODÈLE 1975 !! J'EN CHERCHAIS UNE !
ALLEZ, PLUS QU'UN OU DEUX TRAJETS ET CE SERA FINI !
39

Par tache d'étage...

292

Main verte et carton rouge

ET VOILÀ, UNE NOUVELLE "PEPERUS TRANQUILUS PLANTUS" TOUTE BIEN BICHONNÉE.
MAIS CETTE FOIS, JE TE PROTÉGERAI. HORS DE QUESTION DE TE LAISSER MASSACRER PAR MA HORDE DE VANDALES.
HÉ, OÙ VAS-TU, TOI ?
BEN... DEHORS, POUR JOUER UN PEU.
PAS DE RUGBY SAUVAGE ?
NON, NON.
PAS DE COURSE POURSUITE DANS LE BOLIDE DE LA MORT ?
MEUH NON.
UNE PÉTANQUE RAVAGEUSE ?
NON PLUS !
RIEN QUI ÉCRABOUILLE ?
NON.
RIEN QUI DÉBOULE ?
NON.
BREF, RIEN QUI ROULE ?
EH NON.
BON, MAIS SOIS QUAND MÊME PRUDENT.
PROMIS, PAPA. JE JOUE JUSTE CINQ MINUTES AVEC MON...
... HÉLICOPTÈRE TÉLÉCOMMANDÉ.
OUPS !
FLAP FLAP FLAP
SCRATCH SCRATCH SCRATCH
319

Les FAMILIUS

Naissance d'une BD

(suite)

Toinette

Toinette, tu es fière d'être l'aînée d'une grande famille ?

- Bof, j'étais faite pour être fille unique, avec mes parents rien que pour moi. Mais bon, on ne choisit pas. En même temps, c'est agréable d'avoir des petits frères à faire rager, des petites sœurs à manipuler… Puis pour jouer au Président ou autres jeux de cartes, c'est quand même plus pratique.

Autre question : avec tes copines, on te trouve un peu décalée… Tu confirmes ?

- Plus ou moins. On s'entend bien, mais elles sont folles de shopping et de marques farfelues. « Grollister » par-ci, « Grollister » par-là. Elles sont prêtes à acheter n'importe quel bout de tissu du moment qu'il est écrit « Grollister » dessus. Quelle pitié ! Surtout que « Grollister », ça n'arrive pas à la cheville de « Zarba » !

Tes activités favorites en famille ?

- Asticoter mes frères et sœurs, les empêcher de rentrer dans ma chambre, rapporter leurs bêtises à maman, leur apprendre des jeux avec mes règles qui me permettent de gagner, lire tranquillement, courir après Oscar qui m'a arraché mon livre des mains, puis aller bouder un peu dans ma chambre parce que maman m'a punie pour avoir rappelé à Oscar qui est le chef.

Oscar

Oscar, peux-tu nous décrire ta place au sein de la fratrie ?

- Très souvent ailier gauche, parfois attaquant, plus rarement arrière, jamais remplaçant. Je dribble bien et je vise juste.

Euh... tes rapports avec tes frères et sœurs ?

- Ça va, on s'entend bien. Mais l'autre fois, Toinette m'a fait un tacle, alors je lui ai répondu par un coup franc. Mais l'arbitre m'a vu et m'a privé de dessert pendant une semaine.

Hum... je comprends. Quelles sont tes activités favorites avec tes copains ?

- Ben, on aime bien le foot. Ou sinon, parfois, on joue avec un ballon et on tire des buts !

Tu aimes lire ?

- Ah, oui ! J'ai lu récemment l'histoire de Bidanne, le champion du monde. Et chaque semaine, je dévore *Foot Mag*.

Et à l'école, ça va ?

- Parfaitement. En ce moment, en sport, on fait du foot, et je suis plutôt bon. Je vous ai dit que j'aimais le foot ?...

Bertille

Bertille, comment se passe la journée d'une grande fille comme toi ?

- Maman me réveille pour aller à l'école. Puis elle me re-réveille quelques minutes après. Je cherche mes chaussettes, puis j'enfile mon chemisier. Ensuite, je retourne mon chemisier que j'ai enfilé à l'envers et je mets ma robe. La rouge, ma préférée. Je descends l'escalier, je le remonte car j'ai oublié mon cartable, et je le redescends vite quand maman commence à crier très fort. Puis je remplis mon bol, je le renverse (sans faire exprès, hein). Maman me gronde mais me le remplit à nouveau. Puis je mange une tartine avec la confiture qui coule, je me fais gronder par Maman et je vais chercher ma serviette que j'aurais dû mettre avant. Puis…

Ok, ok ! On verra la suite plus tard. Une autre question : parle-nous de tes passions !

- J'aime beaucoup les petits poneys, et ma couleur préférée, c'est le rose. Alors, un petit poney rose, c'est ouahhhh !

Et du sport ? Tu en pratiques ?

- Ah oui, plein ! La corde à sauter, l'élastique pendant la récréation avec mes copines, la marelle… Je suis très sportive !

Tu as une poupée préférée ?

- Non, je m'interdis d'avoir une favorite. Une maman doit aimer chacun de ses enfants de la même façon. Mais c'est vrai que quand Anasthasie fait la sotte, je suis très sévère : privée de télé pendant une semaine ! Non mais, faut pas rigoler, des fois ! Elle me remerciera plus tard, tiens !

Symphorien

Alors, Symphorien, qu'est-ce que tu aimes, dans la vie, à part les gâteaux ?

- Tatô ?

Hum, bon, je comprends ; changeons de sujet. Il paraît que tu es un petit bébé en or qui fait craquer tout le monde. Un peu comme la cerise sur le gâteau dans cette belle famille ?

- Tatô ? Tatô ?

Non, non, c'était une expression. Puis ce n'est pas l'heure du goûter, voyons ! Alors, ta maman nous a dit qu'élever un petit garçon aussi mignon que toi, c'était du gâteau. Tu confirmes ?

- Tatô ? Tatô ?

Euh... je me suis mal exprimé. C'est vrai que tu démarres au quart de tour, comme un cheval au galop...

- Tatô !

Ah, tu as mal compris. Je disais... mais... non, lâche mon micro !...

- Scrounch, scrounch...

COURAGE ! PLUS QUE 37 ALLERS-RETOURS ET ON SERA PARÉS POUR L'HIVER !
PFFF !
DITES, CE NE SERAIT PAS PLUS RAPIDE AVEC UNE BROUETTE ?
J'EN AI VUE UNE PAS CHÈRE CHEZ BRICOTOP !
EUH... TU ES SÛRE ? ÇA VA BIEN, LÀ...
MAIS VOUS N'ÊTES PAS DU TOUT EFFICACES !
BEN QUAND MÊME...
C'EST ÉVIDENT QUE ÇA VOUS FERAIT GAGNER UN TEMPS PRÉCIEUX !
MOUAIF... JE SUIS TRÈS SCEPTIQUE !
OH, SI PAPA !
ON EN A VRAIMENT BESOIN.
EN PLUS, LES ENFANTS POURRONT BIEN MIEUX T'AIDER.
ALLEZ, JE FONCE VOUS EN ACHETER UNE. TU ME REMERCIERAS !
BON, SI TU LE DIS...
UN PEU PLUS TARD...
ALORS, CETTE BROUETTE ?
PLUTÔT PRATIQUE, NON ?
BOF... PAS CONVAINCU !
APRÈS, ON CONSTRUIT UN PARCOURS AVEC DES OBSTACLES !
C'EST MON TOUR MAINTENANT !
556

LES ENFANTS !
J'AI UN PETIT SERVICE À VOUS DEMANDER !...
QUOI ! FAUT ENCORE RANGER UN TAS DE BÛCHES ?!??
BEN OUI, COMME CHAQUE ANNÉE ! L'HIVER APPROCHE.
OUI, MAIS ON N'A PAS DU TOUT ENVIE.
PFFF ! Y'EN A MARRE !
AÏE ! C'EST MAL ENGAGÉ. IL VA FALLOIR QUE JE TROUVE DES ARGUMENTS "BÉTON".
VOUS SEREZ BIEN CONTENTS DE VENIR VOUS BLOTTIR AUPRÈS DE LA CHEMINÉE.
PAS DU TOUT ! ON BRÛLE DEVANT ET ON GÈLE DERRIÈRE.
C'EST TOUJOURS NOUS QUI SOMMES DE CORVÉE !
BON... MAIS C'EST QUAND MÊME SYMPA DE FAIRE UN PEU D'EXERCICE EN FAMILLE...TOUS ENSEMBLE ?..
BOF ! ON EST SURTOUT EXPLOITÉS COMME DES ESCLAVES.
MAIS C'EST FINI ! ON FAIT LA GRÈVE.
BIEN PARLÉ ! NOUS SERONS INFLEXIBLES !
C'EST DOMMAGE, J'AVAIS PRÉVU UN PETIT...
RÉVOLUTION !
DÉFENDONS NOTRE LIBERTÉ ET NOTRE HONN...
...PAQUET DE BONBONS. OUPS !
PILE AU MILIEU DES BÛCHES !
COMMENT FAIRE POUR LES RETROUVER ?
QUEL ENTRAIN ! J'AURAIS PENSÉ QUE CE SERAIT PLUS DUR DE LES CONVAINCRE POUR CE PETIT SERVICE...
OH, AVEC DE BONS ARGUMENTS !
LÀ, ENCORE UN !
601

HA, ENFIN, QUAND MÊME !...
JE VAIS PRENDRE CELUI-CI ! CE N'EST PAS ÉVIDENT DE BIEN CHOISIR UN CHAPEAU...

EN ATTENDANT DE REJOINDRE BONNE-MAMAN, JE TE MONTRE UN PETIT CHEMISIER QUE J'AI REPÉRÉ DANS CE MAGASIN.
SOLDES
50%
ZIP
ALORS, QU'EN PENSES-TU ?
SOLDES
PAS MAL ! OK, JE TE L'ACHÈTE.
SUPER ! MERCI, MAMAN !
IL EST VRAIMENT BIEN, CE CHEMISIER ! JE VAIS PEUT-ÊTRE M'OFFRIR LE MÊME...
QUOI ?!?? TOI, AVEC LE MÊME VÊTEMENT QUE MOI ?!!! MAIS... CE N'EST PAS POSSIBLE !...
POURQUOI DONC ?... AH OUI, JE VOIS ! TU NE VOUDRAIS PAS PORTER LES MÊMES HABITS QU'UNE "VIEILLE" COMME MOI !
EUH... NON, PAS DU TOUT ! MAIS... ON N'EST PAS DE LA MÊME GÉNÉRATION, ET... EUH...
SOLDES
M'OUI... C'EST BIEN CE QUE JE DIS : TU AURAIS HONTE...
NON, MAIS CE NE SERAIT PAS PRATIQUE, ON LES CONFONDRAIT...
BON, D'ACCORD, JE VAIS ME TROUVER AUTRE CHOSE...
SOLDES
TIENS, VOILÀ BONNE-MAMAN QUI REVIENT AVEC SES EMPLETTES
J'AI FAIT DES AFFAIRES ! REGARDEZ MON NOUVEAU CHEMISIER !!!
SOLDES
108

CETTE FOIS, ON ESSAIE D'ÊTRE EFFICACE. ON TROUVE UNE JOLIE POUBELLE DE SALLE DE BAIN ET ON RENTRE. SURTOUT, ON NE SE DISPERSE PAS !
IDÉA
BRICOTRUC
QUE DE CHOIX ! C'EST LA CAVERNE D'ALI BABA !
REGARDEZ, UNE BOÎTE DE VERRES POUR REMPLACER CEUX QUE J'AI CASSÉS.
TIENS, UNE NOUVELLE CARAFE. J'EN CHERCHAIS.
DES TABOURETS À MONTER SOI-MÊME. TRÈS PRATIQUE !
ET DES AMPOULES. ON A TOUJOURS BESOIN D'UNE BONNE RÉSERVE.
PUIS TANT QU'ON Y EST, AUTANT RAPPORTER UNE NOUVELLE ÉTAGÈRE.
J'AI TROUVÉ UN PETIT TAPIS ROSE QUI IRA SUPER BIEN AVEC MON LIT !
C'EST VRAIMENT BIEN, ILS VENDENT MÊME DES PLANTES !
SANS PARLER DES BOUGIES TRÈS "DÉCO" !
BON, IL FAUT PENSER À RENTRER, LE CADDIE DÉBORDE !
C'EST FOU TOUT CE QU'ON PEUT RAPPORTER QUAND ON PART ACHETER UNE...
BON SANG, LA POUBELLE !!! ON L'A OUBLIÉE !
145

Paire de lune... tte !

COOL !
YAHOU !
PAS MAL !
SUPER !
ENCORE MIEUX !
BOF !
M'OUAIF...
OULA !
TOP !
ALORS, VOUS AVEZ FAIT VOTRE CHOIX ?
EH BIEN, EUH...
?
SOLDES
PAPA, MAMAN, ON A TROUVÉ LE CANAPÉ IDÉAL !
C'EST PAS ÉVIDENT DE BIEN CHOISIR !
ET IL IRA PARFAITEMENT AVEC LES RIDEAUX !
210

Et 1, et 2 et 3 zéros

PAS MAL, LA NOUVELLE COLLECTION ! PURE SOIE, TISSUS DÉLICATS, FINESSE DES MOTIFS...
JE PEUX VOUS AIDER ?
EUH... OUI, JE ME DEMANDAIS POUR CE CHEMISIER QUI...
TRÈS BON CHOIX, JE VOUS LE RECOMMANDE.
IMAGINEZ-VOUS DEDANS TOUS LES JOURS !
MAMAN, IL N'Y AURAIT PAS UN AUTRE POT DE NUTELLA ?
HÉ !!!
MAMAN, MON STYLO NE MARCHE PLUS ! REGARDE !
AH SI !?!!
ARGL
CÂLIN MAMAN !
OH NON !
PFFF ! JE N'EN PEUX PLUS !...
CHÉRIE ? QUE PENSES-TU DE LA COULEUR DES CHAISES ?
JE VIENS DE LES REPEINDRE.
HUM... C'EST TOUT VU !
JE VAIS PLUTÔT PRENDRE CETTE PETITE BLOUSE 100% COTON ANTI-TACHES, LAVABLE ET RELAVABLE !
288

Telle famille tel style

Lâche-vitrine

La phrase cachée

**Connais-tu bienheureux Pier Giorgio Frassati ? C'est un ami de Jésus.
Il avait une devise qui signifie « Vers le Ciel ! »
Retrouve-là en italien dans cette grille en coloriant uniquement les cases 1, 3, 7, 8.**

5	2	9	4	6	9	5	2	2	4	6	2	9	5	5	9	4	6	2	2	9	0	2	5	4	4
0	9	6	2	0	0	4	5	6	9	0	2	4	6	6	4	0	2	5	5	0	4	4	9	0	2
0	3	4	6	2	1	0	7	8	3	4	1	1	3	8	9	3	3	7	0	2	3	1	2	6	6
6	1	5	4	0	3	2	8	9	0	0	7	9	0	8	0	1	5	2	6	8	0	2	7	9	2
2	7	9	6	5	1	0	1	0	2	4	8	3	3	7	2	8	9	4	6	3	2	4	1	4	0
0	8	9	0	6	7	2	3	7	0	2	1	9	8	0	5	1	8	7	0	7	6	9	7	5	2
2	5	1	0	3	4	6	7	9	6	2	3	0	4	7	0	2	2	3	4	7	0	2	3	9	6
6	4	3	2	1	9	9	8	0	2	4	1	6	2	8	9	0	4	1	2	3	4	5	8	6	0
0	9	2	3	2	4	9	1	3	8	0	7	5	5	3	0	1	7	8	5	4	3	1	5	2	6
5	6	9	4	6	2	2	9	9	2	5	5	2	9	4	6	9	5	2	2	0	2	6	9	5	4
4	6	9	5	0	2	4	6	2	9	5	5	0	4	6	2	2	6	2	2	0	9	2	5	4	6
2	6	2	2	9	9	2	5	4	4	9	5	2	2	4	6	2	9	5	5	9	4	6	2	2	0
6	5	2	9	4	6	0	0	2	6	9	4	6	5	2	9	5	2	2	4	6	2	9	0	9	0
2	0	4	5	2	2	4	6	2	9	0	9	2	0	4	5	2	9	9	2	5	4	4	2	0	6
0	6	9	5	0	2	4	6	2	9	5	5	0	4	6	0	0	2	6	9	4	6	0	5	6	2
2	2	1	4	6	7	9	7	8	1	3	0	3	2	9	6	3	7	8	6	4	1	3	9	0	0
6	4	3	2	1	9	6	7	0	4	8	2	7	0	4	2	9	1	2	5	7	0	9	8	0	2
0	5	3	0	5	5	4	8	0	9	1	9	1	4	2	5	5	7	0	0	1	6	9	1	4	6
6	0	1	2	6	6	2	1	1	7	8	0	7	5	9	6	0	1	2	6	3	0	2	3	5	0
4	2	3	5	6	9	0	3	0	2	1	2	3	4	5	6	9	3	0	2	1	9	6	7	5	0
0	4	8	0	2	4	5	8	5	9	7	0	8	0	2	5	6	8	2	5	7	6	5	8	0	2
5	6	7	7	1	0	4	1	6	2	8	9	1	3	7	8	0	8	2	6	9	3	7	0	4	6
4	9	4	6	2	2	9	0	2	5	4	4	6	5	0	5	2	0	9	6	4	4	2	2	9	0
2	2	2	9	9	2	5	4	4	9	5	2	2	4	6	2	9	5	5	9	4	6	2	2	0	6
6	2	9	4	6	0	0	2	6	9	4	6	5	2	9	5	2	2	4	6	2	9	0	9	5	4
2	2	5	4	4	2	9	9	6	5	0	5	2	0	9	6	4	6	5	0	5	2	0	9	6	4
0	4	9	5	2	9	4	6	2	4	6	2	9	5	5	9	4	2	4	6	2	9	5	5	9	4
9	6	9	4	6	5	4	4	2	9	5	2	2	4	6	2	9	5	4	4	2	9	9	6	5	4

Réponses en p. 142-143

Jeux

Quizz nature

Testons un peu tes connaissances en matière de nature !

1. Qu'est-ce qu'un potager ?
   a. Une soupe de légumes
   b. Une partie du jardin où on cultive les légumes
   c. Un cuisinier qui prépare des soupes
   d. Une sorte de soupière

2. De quel arbre le gland est-il le fruit ?
   a. Le hêtre
   b. Le chêne
   c. Le saule
   d. La tilleul

3. Quelle fleur pousse dans les hautes montagnes ?
   a. La violette
   b. Le bleuet
   c. L'edelweiss
   d. La tulipe

4. La châtaigne est entourée d'une enveloppe piquante appelée :
   a. La coque
   b. La coquille
   c. La bogue
   d. La gousse

5. Quelles feuilles pouvons-nous cueillir dans les prés au printemps, et manger en salade ?
   a. La batavia
   b. L'endive
   c. La romaine
   d. Le pissenlit

La bonne rigolade

1. Un coq pond un œuf sur un toit. De quel côté l'œuf va-t-il tomber ?

Aucun, le coq ne pond pas.

★

2. Qu'est ce qui a des dents mais qui ne mange pas ?

Un peigne.

★

3. Quelle est la capitale de la Tamalou ?

Gébobola.

★

4. Quel est l'animal qui a le moins soif ?

Le zébu parce que quand zébu zé plus soif !

★

4. Quelle est la différence entre Toto et la pomme de terre ?

La pomme de terre est cultivée.

★

Réponses en p. 142-143

Le coin des gourmands

La mousse au citron

C'est frais, c'est onctueux, c'est bon !
Voici une recette qui fera toujours sensation ! (oh, ça rime !)

Il te faut :

– 250 g de mascarpone

– 4 blancs d'œuf

– 2 citrons

– 80g de sucre

- Râpe le zeste d'un citron.
- Presse les 2 citrons.
- Mélange le mascarpone avec le jus, le zeste et le sucre.
- Bat les blancs en neige et incorpore les **délicatement.**
- Met le tout dans des coupes ou des verres.
- Laisse le au réfrigérateur au moins deux heures.

Bon appétit !

Réponses en p. 142-143

Le coin des gourmands

Muffins inratables !

Maman familius te livre sa recette préférée de gâteaux. C'est simple, c'est rapide... et c'est délicieux !

Pour une dizaine de muffins :

- 110 g de beurre mou
- 110 g de farine
- 2 œufs
- 1 cuillère à café d'extrait de vanille
- 110g de sucre
- 2 cuillères à soupe de lait
- 2 cuillères à café de levure

- Faire ramollir le beurre.
- Mettre les ingrédients dans un saladier et mélanger énergiquement jusqu'à obtenir une pâte homogène.
- Le répartir dans des petits moules à muffins en papier.
- Mettre au four 15 minutes à 180°C.

Bon appétit !

Réponses en p. 142-143

Jeux

Sudoku

Dans chaque ligne, chaque colonne, chaque petit carré, les chiffres de 1 à 9 ne doivent apparaître qu'une seule fois.

1

	4			2		6	5	7
5			9					
		7	1					
		5				3	4	
								9
9		2	7	4				8
		8		7				
			4					
6				8			7	5

2

				7	5		2	6
	7			6	1			
5					9		8	7
4						3		
				9			7	
					8			
7	8						1	
		3			4			
		5	2			9		

La bonne rigolade

1. Qu'est ce qui a 6 jambes et deux têtes ?

Un cheval et son cavalier.

★

2. Qu'est ce qui a des trous partout et ne laisse pas passer l'eau ?

Une éponge.

★

3. Qu'est ce qui a 5 dents et qui ne mord pas ?

Une fourchette.

★ Charade :
Mon 1er sert à transporter de l'eau.
On dort dans mon 2e.
Mon 3e fait la paire.
Mon tout est costaud.

SOLIDE [seau-lit-deux].

Réponses en p. 142-143

LES ENFANTS, JE VAIS PRÉPARER LE REPAS.
OSCAR, TU PEUX METTRE LE COUVERT ?
JE L'AI DÉJÀ MIS À MIDI. TU AS DEMANDÉ À BERTILLE ?
AH BON...
BERTILLE !
MAIS... J'AI DÉBARRASSÉ LA TABLE À MIDI !
VOUS ÊTES VRAIMENT PÉNIBLES À LA FIN ! MOI, JE PRÉPARE À MANGER TOUS LES JOURS DEUX FOIS PAR JOUR !
ET JE NE ME PLAINS PAS !
OUI, MAIS C'EST VACHEMENT PLUS SYMPA DE FAIRE LE REPAS QUE DE METTRE LE COUVERT.
QUOI ? VOUS AVEZ ENVIE D'ÉCHANGER AVEC MOI ?
AH OUI, SANS HÉSITER !
GLUPS !... C'EST... COMMENT DIRE ?... AUDACIEUX, COMME CUISINE ! PLUTÔT EUH... MODERNE !
QU'EST-CE QUE C'EST ?
C'EST UN ESSAI PÉDAGOGIQUE !
MOI, J'AIME BIEN ! ÇA ME RAPPELLE LE CAMP DE LOUVETEAUX !
PAR CONTRE, LE COUVERT EST SUPER BIEN MIS AUJOURD'HUI !
375

ON EST TROP CONTENTS DE VOUS RETROUVER !
ALORS, LES VACANCES, C'ÉTAIT COMMENT ?
MOI, C'ÉTAIT GÉNIAL !
D'ABORD UN GROS STAGE DE PLANCHE À VOILE, PUIS CAMP "AZIMUT ET SURVIE" SUR L'ÎLE DE BLAC, VISITE DES GRANDS PARCS AMÉRICAINS, ET À LA FIN, MON PÈRE A LOUÉ UN BATEAU EN ESPAGNE.
BIEN !
MOI, J'AI PAS ARRÊTÉ. STAGE DE LANGUES, FESTIVAL "MUSIQUE ET ÉQUITATION", PARCOURS CULTUREL EN LAPONIE, ÉCHANGE DE MAISON AU DANEMARK ET TOUR DES CHÂTEAUX DE LA LOIRE AVEC MA CORRÈS.
SUPER !
ET MOI, PLUTÔT INTENSE ! UNE SEMAINE À YOUPILAND, PUIS CAMP ITINÉRANT EN IRLANDE, STAGE "SUDOKU ET KARTING", DÉCOUVERTE DES MOULINS DES PAYS-BAS, PUIS J'AI PARTICIPÉ À UN SPECTACLE DANS LE PAYS CATHARE, ET POUR TERMINER, DÉCOUVERTE DU BAROQUE EN AUTRICHE.
CHOUETTE !
ET VOUS ?
BOAF, NOUS, C'ÉTAIT TRANQUILLE. APRÈS LES CAMPS, UN PEU DE PLAGE, UN PEU DE CAMPAGNE CHEZ NOS GRAND-PARENTS...
... DES JEUX ET DU BON TEMPS EN FAMILLE.
TROP STYLÉ !
ILS EN ONT DE LA CHANCE !
FACILE D'ÊTRE REPOSÉ, APRÈS DES VACANCES COMME ÇA !
462

ALORS, CETTE PREMIÈRE SEMAINE D'ÉCOLE ?
IL Y A DU TRAVAIL MAIS MA MAÎTRESSE EST TRÈS GENTILLE.
ET MOI, L'AMBIANCE DE CLASSE EST PLUTÔT BONNE.
J'ESPÈRE QUE VOUS AVEZ PRIS DE BONNES RÉSOLUTIONS POUR CETTE NOUVELLE ANNÉE SCOLAIRE... C'EST IMPORTANT !
OH OUI, J'AI DÉCIDÉ DE LIRE UN LIVRE PAR SEMAINE.
ET MOI, JE VAIS BOSSER À FOND L'ANGLAIS. UN MOT NOUVEAU CHAQUE JOUR.
BRAVO ! DE BONNES HABITUDES POUR UNE SUPER ANNÉE !
ET TOI, OSCAR ?
OSCAR ?
MMM ?
ET TOI, QUELLES BONNES PRATIQUES VAS-TU METTRE EN PLACE ?
7 - 1 + 30... JE RAJOUTE 3. PUIS JE MULTIPLIE LE TOUT PAR...
OULAH, DÉJÀ AU TRAVAIL ! ALORS LÀ, TU M'ÉPATES !
ET DES MATHS, EN PLUS !
JE RETIENS 3. PUIS JE SOUSTRAIS LA SOMME PRÉCÉDENTE AU RÉSULTAT...
INCROYABLE ! LUI QUI N'AIMAIT PAS TROP L'ÉCOLE !
IL A ENFIN DÉCIDÉ DE MÛRIR ET DE DEVENIR RAISONNABLE.
ET IL A PRIS CONSCIENCE QUE SON AVENIR SE JOUAIT DÈS MAINTENANT.
QUAND ON EST BIEN VOLONTAIRE, TOUT EST PLUS FACILE.
AVEC ÇA, TU DÉMARRES GAGNANT ! BRAVO, JE SUIS FIER DE TOI !
ÉTAT D'ESPRIT AU TOP !
ENCORE 3 + 2, ET J'OBTIENS ?...
GÉNIAL !
J'AI TROUVÉ !
EH OUI, JOIE DU RÉSULTAT APRÈS L'EFFORT !
PLAISIR DE FAIRE FONCTIONNER SES PETITES CELLULES GRISES !
ÇA SENT LE CERVEAU PRÊT À EN DÉCOUDRE !
J'AI CALCULÉ, EN ENLEVANT LES WEEK-ENDS, VACANCES ET MERCREDIS APRÈS-MIDI, QU'IL ME RESTAIT 156 JOURS D'ÉCOLE.
C'EST PLUS FACILE DE TENIR JUSQU'AUX PROCHAINES GRANDES VACANCES, VU COMME ÇA !
553

ALORS, CETTE NOUVELLE ANNÉE SCOLAIRE... ÇA SE PASSE BIEN ?
ÇA DÉMARRE LENTEMENT.
OUI, PAS ENCORE BEAUCOUP DE DEVOIRS.
D'AILLEURS, COMME J'AI DU TEMPS, JE VAIS APPRENDRE MES VERBES EN ANGLAIS.
LE PROF VA FORCÉMENT NOUS LES DONNER À TRAVAILLER UN JOUR... COMME ÇA, CE SERA FAIT.
BRAVO, BIEN RAISONNÉ !
ET TOI, BERTILLE ?
PAREIL ! J'AVANCE. JE VAIS APPRENDRE MES TABLES DE MULTIPLICATION. DE TOUTES FAÇONS, JE NE POURRAI PAS Y ÉCHAPPER.
C'EST COURAGEUX, MAIS TU NE LE REGRETTERAS PAS !
MAIS... OSCAR ?!?? TOI AUSSI, TU PRENDS DE L'AVANCE !?!!
BEN, OUI, VU QUE JE N'AI PAS ENCORE TROP DE TRAVAIL, J'EN PROFITE POUR ÉCRIRE...
OUAH, TU DEVIENS ENFIN SÉRIEUX !
...QUELQUES PUNITIONS ! ALORS... 100 LIGNES DE :
"JE NE DOIS PAS FAIRE L'IMBÉCILE AVEC MON VOISIN."
"JE NE DOIS PAS PARLER EN MÊME TEMPS QUE MON PROFESSEUR."
ET...
"JE DOIS MIEUX APPRENDRE MES LEÇONS."
LES GRANDS CLASSIQUES ! J'Y AI DROIT CHAQUE ANNÉE !
HOP, COMME ÇA, C'EST FAIT !
597

ALORS, TOUJOURS PAS PRÊTE POUR LA RENTRÉE DANS TA NOUVELLE ÉCOLE ?!??
BEN, JE NE SAIS PAS COMMENT M'HABILLER.
AH, C'EST IMPORTANT, LA PREMIÈRE IMPRESSION QUE TU VAS LAISSER À TES NOUVEAUX CAMARADES.
IL FAUT METTRE LE PAQUET LE PREMIER JOUR.
TU CROIS ?
C'EST ÉVIDENT. TIENS, JE VAIS T'AIDER À CHOISIR. VOYONS CE QUE NOUS AVONS...
UNE TENUE SAGE MAIS COQUETTE...
MMM... TROP SÉRIEUSE !
UNE PETITE TOUCHE DE FANTAISIE. TU VAS VITE ÊTRE TRÈS POPULAIRE, COMME ÇA...
EUH, M'OUI, UN PEU TROP, EN FAIT !
BIG BOSS
POURQUOI PAS UN LOOK DYNAMIQUE, AVEC JUSTE UN PEU D'AUDACE...
NAN, PAS DE TON ÂGE !
LOOK
OU ALORS UN PEU SPORT. TRÈS TENDANCE, LE LEGGING.
BOF, PAS CONVAINCUE.
C'EST BON, ON PEUT Y ALLER ?
EUH... BERTILLE, J'AI OUBLIÉ DE TE DIRE UN TRUC SUR TA NOUVELLE ÉCOLE...
ELLES SONT PLUTÔT SYMPAS, LES NOUVELLES BLOUSES DE CETTE ANNÉE.
VOUS NE TROUVEZ PAS ?
464

12 CAHIERS A3 À 2€30
+ 9 CAHIERS A4 À 1€85
+ 6 EFFACEURS À 0,95€
+ 3 CARTABLES À 37 €.
PUIS J'APPLIQUE LA REMISE DE 5 %...
C'EST FACILE, CETTE ANNÉE.
MADAME, POUVEZ-VOUS LAISSER (JE PEUX DIRE "MORDRE", DONC INFINITIF EN "ER") SORTIR BERTILLE PLUS TÔT CE JEUDI CAR ELLE VA À (ON NE DIT PAS "AVAIT", DONC ACCENT !) UN RENDEZ-VOUS IMPORTANT POUR...
LE MERCREDI, SI JE DÉPOSE BERTILLE RUE VICTOR-HUGO POUR LA DANSE, JE PEUX RÉCUPÉRER OSCAR AU TENNIS PLACE DE LA LIBERTÉ. PUIS J'ÉVITE LE BOULEVARD FOCH À CAUSE DES TRAVAUX ET J'ATTRAPE SYMPHO RUE DES TULIPES...
COMMENT RECOUVRIR 7 LIVRES DE FORMAT A4 AVEC UN ROULEAU DE 65 CM DE LARGE PAR 6 M DE LONG ?...
TIENS, MAMAN, J'EN AI 8 DE PLUS !
PUF !
VITE ! PLUS QUE 4 MINUTES POUR PARCOURIR LES 800 MÈTRES QUI NOUS SÉPARENT DE L'ÉCOLE !
PUF !
ALORS, TA RENTRÉE, ÇA C'EST BIEN PASSÉ ?
EN MATHS, J'AI ÉTÉ AU TOP. EN FRANÇAIS, PAREIL. EN GÉOGRAPHIE, JE PEUX ENCORE FAIRE MIEUX. EN GÉOMÉTRIE, JE SUIS PLUTÔT CONTENTE DE MOI. ET EN GYM, AVEC UN PEU PLUS D'ENTRAÎNEMENT, ÇA IRA !
ET TOI ?
466

SALUT LES AMIES ! ALORS, PRÊTES POUR CETTE NOUVELLE RENTRÉE ?
CARRÉMENT ! J'AI UN NOUVEAU CLASSEUR, UN SUPER-AGENDA ET LA CALCULATRICE DE MON GRAND FRÈRE.
MOI, UN LECTEUR MP3 POUR APPRENDRE MES LEÇONS.
ET MOI, J'AI UNE NOUVELLE TROUSSE ULTRA-COMPLÈTE, AVEC UN STYLO NEUF COULEURS !
IL PARAÎT QUE CETTE ANNÉE, ON VA TRAVAILLER DUR !
ÇA NE ME FAIT PAS PEUR. J'AI UNE BOÎTE DE FEUTRES FLUO, UNE GOMME MAGIQUE ET PLEIN DE FEUILLES COLORÉES.
ET MOI, DES CISEAUX CRANTÉS ET UNE RÈGLE INCASSABLE.
ALORS, AU NIVEAU DES FOURNITURES SCOLAIRES, VOUS ÊTES OK ?
PLUTÔT: J'AI DES FAUSSES ARAIGNÉES, UN ÉNORME STOCK DE POIL À GRATTER, DES PÉTARDS "CHBAOUM" ET PLEIN DE NOUVELLES IDÉES !
AVEC MON STYLO QUI FUIT ET MES BONBONS "AÏL/PIMENT", ON DEVRAIT S'EN SORTIR HONORABLEMENT CETTE ANNÉE...
284

Le feu de l'Art

UN NOUVEAU CARTABLE ? TA MÈRE AVAIT L'AIR SOULAGÉE QUE JE M'EN OCCUPE...
STYLO
COLLE
TIENS, QUE PENSES-TU DE CELUI-CI ???
AH, NON, LES COULEURS NE VONT PAS DU TOUT ! JE NE SUIS PAS UN GARÇON !!!
AH, D'ACCORD !... CELUI-LÀ, ALORS ?...
TU RIGOLES, BEAUCOUP TROP GRAND ! POURQUOI PAS UNE VALISE !!
BON, ET ÇA !!
TROP NORMAL, MÊME PAS DE MARQUE... MES COPINES VONT SE MOQUER DE MOI !...
TROP SERIEUX, TROP TRISTE !
TROP BÉBÉ, JE VAIS ÊTRE LA RISÉE DE L'ECOLE !
STOP, ÇA SUFFIT, ON RENTRE À LA MAISON... ...ET TU PRENDRAS MON VIEUX CARTABLE EN CUIR QUI TRAINE DANS LE GRENIER !!!
MAIS PAPA !?!..
OUAH, TROP CLASSE, TON CARTABLE STYLE "ANNÉES 70" !!!
TROP COOL !!!
TROP TOP !!!
11

SYMPA, CETTE FÊTE SCOUTE. ÇA ME REPLONGE DANS MES ANNÉES À LA PATROUILLE DU PIC-VERT.
UN CONCOURS POUR LES PAPAS ANCIENS SCOUTS ?
GÉNIAL ! JE M'Y INSCRIS. VOUS ALLEZ VOIR COMME J'AI DE BEAUX RESTES.
CONCOURS
POUR COMMENCER, UN PEU DE SÉMAPHORE. ÇA NE S'OUBLIE PAS.
VOUS POURREZ FAIRE UNE FOIS "DOUBLE DÉFI, DOUBLE DES POINTS".
C'EST UNE SORTE DE JOKER.
D'ACCORD. JE LE GARDE POUR UNE TECHNIQUE OÙ J'EXCELLE.
...T...O...U...T...O...U...
MOINS VITE ! J'AI L'IMPRESSION D'ÊTRE UN PEU ROUILLÉ.
QZWBL ? ÇA NE VEUT RIEN DIRE...
SUIVANT !
BON, D'ACCORD, C'ÉTAIT PAS TRÈS GLORIEUX... TIENS, DU FROISSARTAGE. JE PENSE QUE JE VAIS VITE RETROUVER LE BON GESTE AVEC LA TARIÈRE !...
DÉFI FROISSARTAGE
BOF ! J'AI BIEN FAIT DE NE PAS PRENDRE LE JOKER. UN PEU PERDU LA MAIN, MOI !
MERCI ! JE NOTE VOTRE... HUM... "TABOURET". AU SUIVANT !
AH, FAIRE DU FEU AVEC QUELQUES BOUTS DE BOIS ET UNE ALUMETTE...
SI MES SOUVENIRS SONT BONS, JE DOIS POUVOIR ME DÉBROUILLER.
ATELIER FEU
ARGL... KOF ! KOF ! J'ABANDONNE !
SUIVANT !
POUR LE DERNIER DÉFI, FAUT QUE JE ME RATTRAPE... KOF !
PFFFF PFFFF
ALLEZ, JE METS LE PAQUET. "DOUBLE DÉFI" !
ALORS, QUE RESTE-T-IL ? TOPO ? MATELOTAGE ?
SECOURISME ?
J'SUIS HYPER MOTIVÉ !
DÉFI GA
PFFF... LA CORVÉE DE GAMELLE !... J'AVAIS OUBLIÉ ÇA !
SUPERBE GESTE TECHNIQUE !
ÇA DOIT ÊTRE "CUL-BLANC" EN MOINS DE DIX MINUTES !
LA DEUXIÈME GAMELLE EST PRÊTE.
593

TOUT À 1€
À CHAQUE RENTRÉE SCOLAIRE, JE PARS À LA CHASSE AUX FOURNITURES...
HEUREUSEMENT, LES ENFANTS M'ONT DONNÉ UNE LISTE COMPLÈTE...
CETTE ANNÉE, C'EST TRÈS "TECHNIQUE" ! CLASSEUR DOUBLE MW3, CAHIER À SPIRALES GROS CARREAUX 7 MM...
FEUILLES PERFORÉES R12, CRAYONS HB ET 2H, RÈGLE DE 30 CM EN PLEXIGLASS NORME 312 !!!
GOMME S7X, STYLO A BILLE RÉTRACTABLE SILVER M35, CONSOLE DE JEUX SONITENGA X23, CRAYON RS4...
TILT
TOP
BRAVO, BIEN TENTÉ... VOUS AVEZ FAILLI M'AVOIR !
TOUT POUR L'ÉCOLE !
ALLEZ DONC REPOSER CETTE BOÎTE DANS LE RAYON.
SONITENGA
29

Réponses aux jeux

★ PAGE 15 - Sudoku

1

1	2	8	6	3	9	7	5	4
4	3	5	7	8	1	2	9	6
7	9	6	2	4	5	8	1	3
6	8	1	4	9	2	3	7	5
9	7	3	8	5	6	4	2	1
5	4	2	1	7	3	6	8	9
8	5	9	3	2	4	1	6	7
2	1	4	9	6	7	5	3	8
3	6	7	5	1	8	9	4	2

2

4	9	3	5	2	7	6	8	1
2	7	8	1	3	6	9	4	5
6	5	1	4	8	9	3	7	2
7	8	5	3	9	4	1	2	6
1	4	6	2	7	5	8	3	9
9	3	2	8	6	1	7	5	4
8	1	9	7	4	2	5	6	3
5	2	7	6	1	3	4	9	8
3	6	4	9	5	8	2	1	7

★ PAGE 15 - Les carrés dans le carré

Il y en a 30.

★ PAGE 16 - Les énigmes visuelles

1. Long soupire.
2. Un joli sourire.
3. Il y a deux fois « est » dans la consigne.
4. Catherine de Medicis (4 INE, 2 MAIS, 10 SIX).
5. Passage souterrain.

★ PAGE 18 - Les cris des animaux

1b, 2d, 3c, 4d, 5c, 6a, 7d, 8a, 9a, 10a.

★ PAGE 19 - Rébus

Des jeux de plage.
N'oublie pas la crème solaire.
Un parasol.

★ PAGE 47 - Neurones en fusion

Biche.

★ PAGE 48 – Énigme

Toinette a mangé en 8 minutes une pomme rouge,
Oscar a mangé en 7 minutes une pomme verte
et Bertille a mangé en 9 minutes une pomme jaune.

★ PAGE 48 –La pyramide qui rend fou

151				
81	70			
40	41	29		
16	24	17	12	
5	11	13	4	8

Réponses aux jeux

★ **PAGE 49 - Futoshiki**

1

3	5	1 <	2	4
1 <	2 <	3	4	5
			∨	
4	1	5	3 >	2
	∧		∧	
2	3	4	5 >	1
	∧			
5 >	4	2	1	3

2

1	3	2	5	4
∧				
5	4 >	3	2	1
3	2	1	4	5
			∨	
4	1	5	3	2
2	5	4	1	3

★ **PAGE 127 - Qizz nature**

1b, 2b, 3c, 4c, 5d.

★ **PAGE 130 - Sudoku**

1

1	4	9	8	2	3	6	5	7
5	2	3	9	6	7	1	8	4
8	6	7	1	5	4	9	3	2
7	8	5	2	1	9	3	4	6
4	1	6	5	3	8	7	2	9
9	3	2	7	4	6	5	1	8
3	5	8	6	7	2	4	9	1
2	7	1	4	9	5	8	6	3
6	9	4	3	8	1	2	7	5

2

1	3	9	8	7	5	4	2	6
8	7	2	4	6	1	5	3	9
5	4	6	3	2	9	1	8	7
4	6	8	7	5	2	3	9	1
2	5	1	6	9	3	8	7	4
3	9	7	1	4	8	6	5	2
7	8	4	9	3	6	2	1	5
9	2	3	5	1	4	7	6	8
6	1	5	2	8	7	9	4	3

★ **PAGE 50 - Top secret !**

Ce matin tu as dit a maman
que tu ne savais pas écrire,
je vois que tu sais au moins lire
car tu as déchiffré ce message...

★ **PAGE 95 - Mots croisés**

Horizontal

4. Baignade.
7. Soleil.
11. Campagne.
12. Repos.
13. Mer.

Vertical

1. Appels.
2. Plage.
3. Sieste.
5. Piscine.
6. Glace.
8. Famille.
9. Vacances.
10. Montagne.

Achevé d'imprimer par MACROLIBROS,
en mai 2023
Dépôt légal : juin 2023

Imprimé en Espagne